智慧物流仓配装理论与算法

韩东亚 著

中国科学技术大学出版社

内 容 简 介

本书聚焦智慧物流发展与评价,研究智慧物流仓配装的理论与算法,主要内容包括:智慧物流园区发展模式,物流业效率评价及影响因素,仓配装一体化产品的生产、仓储与配送,基于固定交货时间的仓配装一体化产品生产与交付集成,自动化仓储系统中仓配装一体化产品出入库调度,仓配装一体化产品配送路线和技术人员调度等。本书的研究成果有利于推动物流园区仓储、配送、安装等方面的优化与创新,推动现代物流业高质量发展。

图书在版编目(CIP)数据

智慧物流仓配装理论与算法/韩东亚著.—合肥:中国科学技术大学出版社,2020.12
ISBN 978-7-312-05137-1

Ⅰ.智… Ⅱ.韩… Ⅲ.①互联网络—应用—物流管理 ②智能技术—应用—物流管理 Ⅳ.F252-39

中国版本图书馆CIP数据核字(2020)第268240号

智慧物流仓配装理论与算法
ZHIHUI WULIU CANG-PEI-ZHUANG LILUN YU SUANFA

出版	中国科学技术大学出版社
	安徽省合肥市金寨路96号,230026
	http://press.ustc.edu.cn
	https://zgkxjsdxcbs.tmall.com
印刷	安徽国文彩印有限公司
发行	中国科学技术大学出版社
经销	全国新华书店
开本	787 mm×1092 mm 1/16
印张	9.25
字数	192千
版次	2020年12月第1版
印次	2020年12月第1次印刷
定价	68.00元

序

  物流业连接生产、分配、流通和消费，是打通供应链、协调产业链、创造价值链、构建新发展格局的重要支撑和保障。面对加快形成以国内大循环为主体、国内国际双循环相互促进的新发展格局的现实要求，传统的物流管理调度已难以适应当今经济社会发展步伐，我国物流行业向着智慧物流方向转型升级已是大势所趋，物流大数据、物流云、物流模式、物流技术等关键领域创新需求也愈发突出，预计到 2025 年，智慧物流市场的规模将超过万亿元。本书所研究的仓配装一体化产品是企业为客户提供一站式仓储、配送和安装服务的一种新型产品，目前正逐渐成为新的市场消费趋势。

  本书聚焦于智慧物流与现代仓配装的理论与实践，在一站式服务的背景下，立足于物流园区和物流业转型发展和降本增效，聚焦仓配装一体化产品，对其生产计划、仓库调度策略和配送服务等环节进行研究。一方面，为仓配装一体化产品设计更合理的生产和交付计划、产品出入库调度规则和配送人员团队划分及任务分配方案，在建立在非常强的实践动机的基础上，提出混合整数规划模型，并利用多项式时间的启发式算法、自适应大邻域搜索算法、禁忌搜索算法和基于拉格朗日的启发式算法解决上述问题。另一方面，作者结合企业的实际数据，将各部分的研究结果与企业实际应用中相对应的人工决策方法分别作了算例对比，数值实验的结果表明了本书建立的各种模型和算法的有效性以及价值性。基于理论分析，本书为仓配装一体化产品企业在生产、仓储和配送策略的运用方面提供了实用的决策指导建议，这些建议对其他相关行业也具有较强的参考价值。

  《中共中央关于制定国民经济和社会发展第十四个五年规划和二〇三五

年远景目标的建议》对加快发展现代物流等服务业提出了新的更高的要求，物流业在国民经济中的基础性、战略性、先导性地位进一步增强，智慧物流也随之进入了快速发展的新阶段。本书作者韩东亚近年来主持多个智慧物流相关的研究项目，具有丰富的理论知识和实践经验，尤其是在智慧物流领域深耕细作，潜心研究实践，取得了丰硕成果，获得了业界的高度认可。

本书系作者长期的研究和实践产生的智慧结晶，对促进物流业改革创新、降本增效、智慧转型和高质量发展必将发挥积极的促进作用！

2020 年 12 月
于中国科学技术大学

前　言

当前,我国已是全球物流大国,连续多年成为全球最大的物流市场,蓬勃发展的实体经济也催生了旺盛的物流需求。物流园区是集各类企业和物流设施的具有一定规模和多种服务功能的空间场所,对降低物流成本和提高物流运作效率具有重要意义,然而部分物流园区存在效率低下、成本偏高等突出问题,严重制约了园区功能的发挥。由于物流服务的便捷性,消费者对具有一站式仓储、配送和安装服务特色的产品(如家居产品)需求显著,这给物流园区在产品生产、仓储、配送、调度、交付等方面带来了严峻挑战,倒逼物流园区向数字化、智慧化转型,高效快速处理各类问题,最终更好地满足消费者的需求,提高消费者的满意度。"仓配装一体化"已成为物流园区的主要功能之一,本书对此展开论述。

本书通过分析全国示范物流园区的发展现状,对"物流园区+"发展模式存在的问题进行总结和梳理,并采用 SFA(stochastic frontier analysis,随机边界分析)等方法构建物流效率测评模型,分析我国物流业效率及其影响因素。通过分析仓配装一体化产品在生产、仓储、配送、调度、交付等方面的问题,搜索最优的生产和交付计划。通过设计合理的生产和交付计划,最小化企业的运营成本,在包含供应商、制造商和顾客在内的三级供应链下,对产品应该按何种加工顺序生产以及产品应当在何时进行加工交付进行了研究,证明了相关问题的计算复杂度,并提出了具有较短运行时间的伪多项式或多项式时间的算法。通过研究新型的具有多个出库位置的自动化立体仓库的出入库调度问题,确定出入库任务的操作顺序以及出库任务和出库位置的分配,实现堆垛机移动距离最小化的目标。对仓配装一体化产品配送安装过程中技术人员路线选择和调度问题，以最小化企业的运营成本为目标，包括旅行成本、软时间窗口违反成本和外包服务成本，提出基于拉格朗日松弛的启发式算法来解决该问题，数值结果显示该算法能够在合理的计算时间内为大规模问题找到高质量的可行解，从而有效地降低企业的运营成本。

本书在撰写过程中，参阅、借鉴并引用了相关文献、数据及资料等研究成果，在此对相关作者致以诚挚的感谢！

由于水平有限，书中难免存在疏漏和不足之处，恳请各位专家和读者批评、指正！

作 者

2020 年 12 月

目　　录

序 ·· (i)

前言 ·· (iii)

第1章　智慧物流与智慧物流产业 ·· (1)
1.1　智慧物流概述 ··· (1)
1.2　智慧物流的地位和作用 ·· (7)
1.3　智慧物流产业 ··· (9)
1.4　总结与展望 ··· (16)

第2章　智慧物流园区发展模式 ·· (22)
2.1　全国示范物流园区建设与智慧物流发展 ··· (22)
2.2　"物流园区+"发展模式 ··· (26)
2.3　总结与展望 ··· (29)

第3章　物流业效率评价及影响因素 ·· (31)
3.1　我国物流业效率现状 ·· (31)
3.2　物流业效率分析模型构建 ·· (33)
3.3　物流业效率结果分析 ·· (37)
3.4　总结与展望 ··· (45)

第4章　智慧物流仓配装一体化产品的生产、仓储与配送 ··································· (47)
4.1　仓配装一体化相关问题研究现状 ·· (47)
4.2　家居行业的仓配装一体化 ·· (53)
4.3　仓配装一体化集成平台运营：以A家装平台企业为例 ······················· (56)

第5章 考虑交货时间的仓配装一体化产品生产与交付集成 ……（66）

- 5.1 案例及相关问题 …………………………………………………（66）
- 5.2 问题描述 …………………………………………………………（68）
- 5.3 计算复杂度 ………………………………………………………（70）
- 5.4 结构性质分析 ……………………………………………………（71）
- 5.5 模型求解 …………………………………………………………（73）
- 5.6 实际数据算例分析 ………………………………………………（80）
- 5.7 总结与展望 ………………………………………………………（81）

第6章 自动化仓储系统中仓配装一体化产品出入库调度 ……（83）

- 6.1 仓库系统介绍 ……………………………………………………（84）
- 6.2 问题描述与模型构建 ……………………………………………（85）
- 6.3 两阶段启发式算法 ………………………………………………（88）
- 6.4 数值分析 …………………………………………………………（91）
- 6.5 实际数据算例分析 ………………………………………………（92）
- 6.6 总结与展望 ………………………………………………………（93）

第7章 仓配装一体化产品配送路线和技术人员调度 ……………（95）

- 7.1 产品配送问题的研究现状 ………………………………………（95）
- 7.2 技术人员路线选择和调度问题描述 ……………………………（96）
- 7.3 基于拉格朗日松弛的启发式算法 ………………………………（100）
- 7.4 数值实验 …………………………………………………………（111）
- 7.5 实际数据算例分析 ………………………………………………（117）
- 7.6 总结与展望 ………………………………………………………（118）

附录 ……………………………………………………………………（121）

- 附录1 生产问题算法伪代码 ………………………………………（121）
- 附录2 配送问题算法伪代码 ………………………………………（124）

参考文献 ………………………………………………………………（131）

第1章 智慧物流与智慧物流产业

物流业的快速发展,为国民经济的增长提供了充足的动力,为人民物质生活的丰富提供了极大的便利,是社会发展的后盾和坚实基础。智慧物流作为物流行业发展的趋势,已经得到业内和相关行业的普遍重视。

1.1 智慧物流概述

1.1.1 智慧物流的基本概念

IBM 于 2009 年提出建立一个面向未来的,具有先进、互联和智能三大特征的供应链,诞生了通过感应器、RFID(radio frequency identification,射频识别)标签、制动器、GPS 和其他设备及系统生成实时信息的"智慧供应链"的概念,紧接着"智慧物流"的概念由此延伸而出。与智能物流强调构建一个虚拟的物流动态信息化的互联网管理体系不同,智慧物流更重视将物联网、传感网与现有的互联网整合起来,通过精细、动态、科学的管理,实现物流的自动化、可视化、可控化、智能化、网络化,从而提高资源利用率和生产力水平,创造更具有综合内涵的社会价值。

国内较早关于"智慧物流"的说法,是由中国物流技术协会信息中心联合几家单位于 2009 年 12 月提出的,其指出智慧物流是利用集成智能化技术,使物流系统能模仿人的智能,具有思维、感知、学习、推理判断和自行解决物流中的某些问题的能力,它包含智能运输、智能仓储、智能配送、智能包装、智能装卸及智能地获取、加工和处理信息等多项基本活动。

2010 年,在物联网的时代背景下,北京邮电大学李书芳教授指出,智慧物流是基于物联网的广泛应用基础,利用先进的信息采集、信息处理、信息流通和信息管理技术,完成包括运输、仓储、配送、包装、装卸等多项基本活动的将货物从供应者向需求者移动的整个过程。智慧物流为供方提供最大化利润，为需方提供最佳服务，同时消耗最少的自然资源和社会资源，最大限度地保护好生态环境，是一种整体智能社会物流管理体系。

2011年，有关"智慧物流"的新概念层出不穷。国家发改委综合运输研究所所长汪鸣认为，智慧物流是指在物流业领域广泛应用信息化技术、物联网技术和智能技术，在匹配的管理和服务技术的支撑下，使物流业具有整体智能特征，服务对象之间具有紧密智能联系的发展状态。贺盛瑜等学者从管理视角出发，认为智慧物流是物流企业通过运用现代信息技术，实现对货物流程的控制，从而降低成本、提高效益的管理活动。IBM中国区副总裁王阳则从资源和成本视角指出，智慧物流是把所有物流企业的物流信息汇总到一个平台上，进行集中分析，对运输车辆进行科学排序、合理调度使用，从而减少空载率，降低物流成本，提高物流效益的管理活动。

2012年，学者邵广利在综述相关研究的基础上，指出智慧物流是将物联网、传感网与互联网整合，运用于物流领域，实现物流与物理系统整合的网络。在这个整合的网络当中，存在能力超级强大的中心计算机群，能够对整合网络内的人员、机器、设备和基础设施进行实时的管理和控制。在此基础上，人类可以以更加精细和动态的方式管理物流活动，使得物流系统实现智能化、网络化和自动化，从而提高资源利用率，使生产力水平达到"智慧"状态。

2017年，中国物流与采购联合会和京东物流联合发布《中国智慧物流2025应用展望》，报告中提出智慧物流是通过大数据、云计算、智能硬件等智慧化技术与手段，提高物流系统思维、感知、学习、分析决策和智能执行的能力，提升整个物流系统的智能化、自动化水平，从而推动物流业的发展，降低社会物流成本，提高物流效率。

随着物流与互联网等技术的深化融合，智慧物流出现了一些新特点：一是"互联网＋"物流蓬勃发展，二是物联网在物流领域广泛应用，三是物流大数据变为现实，四是物流云服务强化保障，五是人工智能快速起步。

当前各界对智慧物流的概念，主要是基于物联网技术视角进行阐述的，缺少从国家战略、现代物流产业链等宏观层面的定义，也缺少对智慧物流商业运作模式、公共管理体系、核心竞争力的分析。

为此，笔者在总结前人研究成果的基础上，综合考虑个体与总体、先进技术与物流体系、物流发展与经济等方面的关系后，提出：智慧物流是指利用自动化、信息化和智能化的技术与方法，使物流系统中的个体与总体具有感知传导、分析决策、智能执行与学习提升的能力，并能有效地实现和其他经济与社会系统的协同，最终服务于整个经济与社会系统的可持续改进和优化的物流体系。

智慧物流的结构和流程具体如图1.1所示。

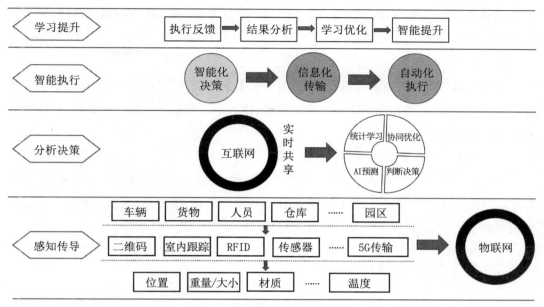

图1.1 智慧物流的结构和流程

1.1.2 智慧物流的内涵

智慧物流包含两层含义，一是物流通过先进技术实现信息化和智能化，这是"物流＋智慧"的过程；二是大数据和智能技术嵌入物流后，将传统的物流产业转型升级为新的形态，在技术、业态、模式等方面都出现了变革，这是"智慧＋物流"的过程。

1. 智慧物流的内涵

（1）智慧物流具有感知和传导智慧

智慧物流能够运用各种先进技术获取生产、包装、运输、仓储、装卸搬运、配送、信息服务等各个层面的大量信息，实现实时数据收集，使各方能准确掌握货物、车辆和仓库等方面的信息。将收集的数据进行归档，建立强大的数据库；分门别类归档信息后，使各类数据按要求传递，实现数据的动态性、开放性和联动性使用，并通过实现数据和流程的标准化，推进跨网络的系统整合，从而实现感知和传导智慧。

（2）智慧物流具有分析和决策智慧

智慧物流能够运用统计学习、云计算以及人工智能等技术，对物流的各个环节进行评估，对资源进行整合优化，使每个环节都能相互联系、互通有无、共享数据，优化资源配置，从而为物流各个环节提供最强大的决策支持，使得各环节协作、协调、协同。根据系统各部分不同的需求,对系统进行自适应调整,降低人力、物力和资金成本,提高服务质量,从而实现分析和决策智慧。

(3) 智慧物流具有智能执行智慧

智慧物流分析决策得到的方案,经过进一步智能化、有针对性的分析,通过信息化传输设备的实时传输,确保决策方案的准确高效,最后通过自动化控制系统确保有效执行,从而实现智能执行的智慧。

(4) 智慧物流具有学习和推理智慧

通过对以往模型的分析,智慧物流可以从数据中提炼出更加"聪明"的解决方案,随着系统中知识量的不断增加,可以避免以前出现过的问题,实现更加优化的决策,由此使方案不断趋于完善,从而实现学习和推理智慧。

2. 智慧物流的架构

物流体系是智慧物流的基础。智慧物流系统的实现离不开集物流、信息流、资金流、业务流于一体的现代物流体系。现代物流体系提供配套的物流运作和物流管理,实践证明,如果没有良好的物流运作和管理水平,盲目发展物流信息化,不仅不能降低物流成本,反而会适得其反。只有拥有了完善的现代物流体系,才能实现智慧物流的系统智慧,产生协同、协作和协调效应。

先进技术是智慧物流的保障。物联网技术是智慧物流的基础,互联网与移动互联网是智慧物流的中枢系统,大数据、云计算是智慧物流的大脑,智慧物流技术装备是智慧物流的骨架。只有综合应用以互联网、大数据、云计算、人工智能等为代表的先进技术,才能实现智慧物流的感知和传导智慧、分析和决策智慧、智能执行智慧以及学习和推理智慧。

有效融合是智慧物流的核心。先进技术与现代物流体系能够产生有效融合并发生化学反应,这种化学反应可能引发新的应用技术,也可能会对现代物流体系框架进行重塑。

1.1.3 智慧物流的主要表象

1. 互联互通

智慧物流的基础是建立实体物理世界的互联互通。物流人员、装备设施以及货物将全面接入互联网,实现彼此之间的互联互通。同时,通过信息系统建设、数据对接协同和手持终端普及,可逐步实现物流数据的可采集、可录入、可传输、可分析,实现物流活动的数字化。物流系统中各参与方的动态感知和智能交互,可实现物流作业的高效率、低

2. 协同共享

智慧物流的核心是协同共享，这是信息社会区别于传统社会，并将爆发出最大创新活力的理念源泉。协同共享理念克服了传统社会的产权所有观念，通过分享使用权而不占有所有权，打破传统企业边界，深化企业分工协作，实现了存量资源的社会化转变与闲置资源的最大化利用。

3. 高效可靠

智慧物流依靠物联网、大数据、云计算等先进技术，基于全局优化的智能算法，调度整个物流系统中各参与方高效分工协作。智慧物流依托智能化设备进行各种操作，区别于传统物流的人工操作，其更加高效可靠。智慧物流未来能够采用大数据及模拟仿真等技术来研究和确定如何实现最优的仓储、运输、配送网络布局等，基于历史运营数据及预测数据的建模分析、求解与仿真运行，更加科学、合理地确定每类商品的库存部署，以及解决每个分拣中心、配送站的选址和产能大小等一系列相关联的问题。

4. 智能决策

智慧物流利用大数据、云计算等先进技术，结合特定需要，根据不同的情况评估成本、时间、质量、服务、碳排放和其他标准，基于概率的风险，对评估结果进行预测分析，协同制定决策，提出最合理有效的解决方案，使制定的决策更加准确、科学，从而实现智能决策。

5. 持续改进

智慧物流能够自主学习、积累经验，持续改进物流作业输出方案，不断探索物流运作新模式，并实现系统的实时更新。反馈是实现系统修正、系统完善必不可少的环节，它贯穿于智慧物流系统的每一个环节，为物流相关作业者了解物流运行情况、及时解决系统问题提供强大的保障。

1.1.4 智慧物流的应用场景

智慧物流的形式多种多样，比较典型的有智慧配送、智慧仓储、智慧园区、智慧港口和智慧生态等。随着新技术的不断发展,智慧物流进入无人仓、无人港、无人车(无人机)、无人运输的无人物流时代。

从物流流程的角度来看,智慧物流的应用场景越来越体现出智能化、一体化、柔性化和社会化的特点,即在智慧物流作业过程中的大量运筹与决策的智能化;以物流管理为核心,实现物流过程中运输、存储、包装、装卸等环节的一体化和智慧物流系统的层次化;智慧物流的发展会更加突出"以顾客为中心"的理念,根据消费者需求的变化来灵活调整生产工艺;智慧物流的发展将会促进区域经济的发展和社会资源的优化配置,实现资源配置社会化。智慧物流的应用场景如图1.2所示。

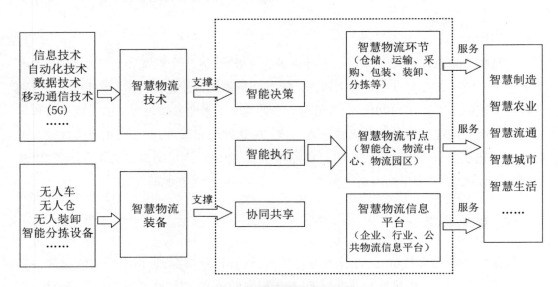

图1.2 智慧物流的应用场景

从物流信息化建设的角度来看,随着物流信息服务和物流交易平台向着更加综合性和专业性的方向发展,智慧物流的一个典型应用场景——"智慧物流园区"应运而生。智慧物流园区以物流信息化平台为核心运营纽带和依托,基于物流信息化平台的支撑,构建物流园区的全新运营服务体系,通过整合有形资源和无形资源,提供增值服务,实现模式创新。

从物流信息的匹配角度来看,随着互联网的发展,供应链的核心逐步转向生产效率更高、技术更为先进的企业,随后移动化和数据化把平台经济推升到了前所未有的高度,互联网平台通过业务在线化和数据挖掘,能够促进供需双方精确匹配,减少供需对接环节,提高效率,同时也能改善供需信息不对称等带来的问题。后文将对智慧物流的另一个典型应用场景——智慧物流平台的发展进行分析。

1.2 智慧物流的地位和作用

1.2.1 智慧物流的地位

1. 智慧物流是"中国制造2025"的重要支撑

"中国制造2025"是我国实施制造强国战略第一个十年的行动纲领,努力实现"中国制造"加速向"中国智造"转型,把我国建设成为引领世界制造业发展的制造强国。智慧物流在智能制造工艺中有承上启下的作用,是连接供应、制造和客户的重要环节。智慧物流中智慧仓储和物流技术的引入,可以帮助传统制造企业更加精准、高效地管理仓储,保证零件、半成品和成品的流通,有效降低物流成本,缩短生产周期,在激烈的竞争中保持领先地位。此外,随着物流成本的降低,产品流通的地域将更加广泛,覆盖更多的受众群体,并根据不同区域的特殊情况形成细分市场,进而影响企业的产品、运营和营销。智慧物流通过建立互联化的供应链体系,能够有效地服务于"中国制造2025",通过更新管理理念、应用新的供应链技术,提升制造水平,推动我国由制造大国走向制造强国。同时,智慧物流是整个商业链、供应链协同平台的基础设施,智慧物流基于大数据协同,未来将深刻地改变零售、制造等领域,贯穿"五新"(新零售、新制造、新金融、新技术和新能源)。

2. 智慧物流是智慧城市的重要组成部分

智慧城市是城市信息化的必然产物,其核心是利用信息技术把城市的各种信息加以汇集、分析和应用,提高城市管理水平,推动居民生活的智能化。物流产业连接着城市的生产、流通和消费等各个环节,可以说智慧物流是智慧城市的重要组成部分,也是智慧城市建设的重要突破口。物流市场不规范,物流运作不集约,会使物流成本居高不下,交通运输拥堵,生活质量下降。在智慧城市的建设中,应当将智慧物流放在优先发展的位置,实现交通管理、共同配送、运输装备三大突破。

3. 智慧物流是物流业转型升级的必由之路

据国家发改委统计,2014—2018年,全社会物流总费用占GDP的比例分别为16.6%、16%、14.9%、14.7%、14.8%。2019年社会物流总费用为14.6万亿元,同比增长

7.3%,增速比上年回落2.5个百分点;社会物流总费用与GDP的比率为14.7%,比上年下降0.1个百分点。可以看出,近年来,我国物流成本水平总体呈下降趋势,但物流成本明显偏高。我国社会物流总费用占GDP的比重不仅高于美国、日本、德国等经济发达国家,而且跟经济发展水平基本相当的金砖国家相比也偏高,例如印度为13.0%,巴西为11.6%。

时任阿里巴巴董事局主席马云在菜鸟网络主办的2018全球智慧物流峰会上表示,尽管近几年,中国物流效率已逐步提升,物流行业的GDP占比已经从20%下降到15%左右,但是相比较于发达国家的11%,中国的物流效率仍有较大提升空间。应当把物流成本占GDP比重降到5%以下,才能为制造业创造巨大的利润空间。

物流成本显著偏高,制约了社会经济的发展,物流发展亟待降本增效。智慧物流利用大数据、云计算和物联网等新技术,通过物流、资金流及信息流的融合创新,加上大数据分析、智能分仓、车货匹配等手段,以及市场服务、物流运作的全面透明化等方式,将加快传统物流模式的变革,降本增效,重视服务,为推动物流业转型升级提供强大动能。

1.2.2 智慧物流的作用

1. 搭建持续改进的物流生态系统

智慧物流的建设,将加速当地物流产业的发展,成为集仓储、运输、配送、信息服务等多功能于一体的物流生态系统,打破行业限制,协调部门利益,实现集约化高效经营,优化社会物流资源配置。同时可把物流企业整合在一起,将过去分散于多处的物流资源进行集中处理,发挥整体优势和规模优势,实现传统物流企业的现代化、专业化,并与之形成互补关系。此外,这些企业还可以共享基础设施、配套服务和信息,降低运营成本和费用支出,获得规模效益。

2. 促进物流降本增效

智慧物流能够大大降低第二产业中的制造业、物流业等行业的成本,如生产商、批发商和零售商三方利用智慧物流实现信息共享、相互协作,能够降低物流各环节企业成本,提高利润。

智慧物流的平台搭建会衍生出很多平台服务。随着技术的发展,智慧物流关键技术诸如无线定位、物体标识及追踪等新型信息技术的应用,能够有效实现物流的智能调度管理,加强物流管理的科学化,从而降低物流成本,减少流通费用,增加企业利润,提高物流效率。

当前,我国物流企业中只有不到20%的企业实施了信息化,这造成物流企业与上下游企业之间的信息不能有效互通,从而使流通环节过多,导致流通成本过高。国内企业一件物品的物流成本约占总成本的30%,而国际上这一比例仅为10%。智慧物流的发展将有助于解决这个瓶颈问题,实现流通、管理与决策的优化,降低企业物流成本,提高物流效率。

3. 促进产购销融合

随着射频识别技术(RFID)在物流中的普及,物与物之间形成了互联互通,这将为企业的物流环节、生产环节、采购系统与销售环节的智能融合打下基础。同时网络的融合必将推动智慧生产与智慧供应链的融合,从而使企业物流完全智慧地融入企业经营之中,打破工序、流程的界限,打造智慧企业。

智慧物流的实施有利于加快企业物流运作与管理方式的转变,提高物流运作效率与产业链协同效率。智慧物流比传统物流消耗的资源少,能够提高产品竞争力,促进供应链一体化进程,有利于解决物流领域信息沟通不畅、专业化水平低、市场响应慢、成本高、规模效益差等问题,从而提高企业在物流方面的竞争力,构筑企业新的经济增长点。

4. 促进当地经济发展

智慧物流集多种服务功能于一体,体现了现代经济运作的特点,即强调信息流与物质流快速、高效、通畅的运转,从而降低社会成本,提高生产效率,整合社会资源。

1.3 智慧物流产业

智慧物流产业同样是物流资源产业化后形成的一种复合型或聚合型产业。传统的物流资源包括运输、仓储、装卸、搬运、包装、流通加工、配送、信息平台等,这些资源产业化就形成了运输业、仓储业、装卸业、搬运业、包装业、加工配送业、物流信息业等产业。而在智慧物流时代,物流产业变得更加"智慧化",它给传统物流资源注入了新的血液,如无人机、无人仓、第三方物流、物流技术研发、智慧化物流平台等,对产业化的物流资源进行更加有效和便捷的整合,形成了诸多新兴产业。它是一种复合型产业,也可以叫聚合型产业。因为所有产业的物流资源不是简单的累加,而是一种资源最优的整合,可以起到1+1>2的功效,使得整个产业合理配置、协调发展。

1.3.1 智慧物流产业发展概述

1. 产业发展概况

现代物流的发展方向和希望是智慧物流。智慧物流将RFID、传感器、GPS、云计算等信息技术广泛应用于物流运输、仓储、包装、装卸搬运、流通加工、配送、信息服务等各个环节,实现物流系统的智能化、网络化、自动化、可视化、系统化。

物联网技术是智慧物流的基础。现代物流的自动识别领域是物联网技术的发源地,基于RFID/EPC和条码的自动识别等技术、各类传感器的感知技术、GPS/GIS的定位追踪技术,实现了物流系统的信息实时采集与传送,有利于推动"物与物自动通信(M2M)",使得物理世界的实体物流网络"地网"能够与虚拟世界的互联网的"天网"对接与融合。

互联网与移动互联网是智慧物流的中枢系统。进入互联网的物流信息在互联网中集合、运算、分析、优化、运筹,再通过互联网分布到整个物流系统,从而让企业实现对现实物流系统的管理、计划与控制。

大数据、云计算是智慧物流的大脑。物流信息系统的计算与分析模式是分布式的和网格式的云计算模式,适应了现代物流实体网络体系的运作。

智慧物流技术装备是智慧物流的骨架。物流互联网的实体运作与应用要通过各类智能设备来完成。智能设备是指嵌入了物联网技术产品的物流机械化和自动化的设备,也可以是普通的物流技术产品,其核心是这些设备与技术产品一定要可以实时接入互联网,如嵌入了智能控制与通信模块的物流机器人、物流自动化设备,嵌入了RFID的托盘与周转箱,安装了视频设施及RFID系统的货架系统等。

2. 产业发展地位

经济新常态下,物流产业布局进入新阶段。以物流园区、区域分拨中心、物流配送中心、多式联运枢纽等为主体的基础设施布局建设进入关键时期,物流产业发展呈现智慧化、多元化、生态化趋势。智慧物流业已经形成依靠技术、业态、模式三大创新源泉的智慧化创新发展格局。

工业4.0时代,客户需求高度个性化,产品创新周期继续缩短,生产节奏不断加快。这些不仅是智能生产面临的难题,也是对支撑生产的物流系统提出的巨大挑战。智慧物流是工业4.0的核心组成部分,在工业4.0智能工厂框架内,智慧物流是连接供应和客户的重要环节,也是构建未来智能工厂的基石。智能单元化物流技术、自动物流装备以及智慧物流信息系统是打造智慧物流的核心元素。智慧物流产业横跨各个产业部门,纵贯各个物流环节,要使智慧物流协调快速发展,需要发挥行业协会的作用。行业协会重点在制定标准规范、开展行业研究、加强成员交流、开展示范评选等方面发挥作用。

3. 行业发展必要性

智慧物流技术能够有效提升效率、降低成本,因而发展智慧物流技术势在必行。

我国物流成本占GDP比重一直居高不下,多年在18%上下徘徊,比世界平均值高出6.5个百分点,比美国、日本、德国平均高出9.5个百分点。虽然近年来占比呈下降趋势,但与发达国家相比仍有很大差距。除了制造成本较高以外,管理效率低下、信息化程度低是造成国内物流成本偏高的主要原因。

智慧物流系统可以节约70%的土地成本,带来租金成本的大幅降低。随着国家加强土地资源管理,土地资源日渐紧张,土地使用成本不断增加,企业需要充分利用有限空间,提高现有土地利用率。而自动化物流系统由于在仓储方面采用向高处发展的方式,保持了较高的土地利用率和库存容积率,减少了企业土地成本。

智慧物流系统能够降低80%左右的劳动成本,解决招工难和人工成本持续增长的问题。同样吨位货物存储时配备的仓储物流人员成本,运用自动化物流系统可以节约2/3以上。随着国内人口红利的逐渐消失,国内企业的人力成本持续增长,自动化物流系统可以减少人员需求,从而降低人工成本。迅猛发展的智慧物流市场,不只是属于物流公司的红利,诸多行业都会受益于此。

4. 行业效益分析

作为现代物流系统中的重要物流节点,自动化立体仓库在物流中心的应用已越来越普遍。立体仓库单位面积的储存量可达 $7.5\ t/m^2$,是普通仓库的5—10倍。自动化立体仓库通过高层货架存储货物,存储区可以大幅度地向高空发展,以充分利用仓库的地面和空间,这就大大节省了库存占地面积,提高了空间利用率,同时由于使用机械和自动化设备,运行和处理速度加快,提高了劳动生产率,有效降低了操作人员的劳动强度。而与计算机管理信息系统联网以及与生产线紧密相连的自动化立体仓库更是当今CIMS(计算机集成制造系统)及FMS(柔性制造系统)中必不可少的关键环节。

自动化立体仓库在最大限度利用空间、最大限度满足生产要求、减轻工人劳动强度、提高生产效率、加强生产和物资管理、减少库存积压资金等方面具有传统仓库无可比拟的优势,通过采用计算机等现代信息技术,更有力地推动了企业现代化管理水平的提高。此外,在存储成本方面,自动化立体仓库与传统仓库相比,其优势也很明显。

从长远来看,随着我国土地和人工成本的不断上升,自动化立体仓库较传统仓库的优势将日趋明显。从经济性以及发展性来看,自动化立体仓库将是未来仓储发展的首选。

目前，自动化立体仓库的上述优点已经为越来越多的国内企业所重视，并日益成为企业内部物流特别是其打造现代物流系统当中不可或缺的组成部分，成为衡量企业物流运作与管理水平的重要指标。

1.3.2 智慧物流产业热点

1. 行业发展热点

国务院及国家有关部委为推动物流业降本增效及"互联网＋高效物流"的落地，出台了许多政策，特别是"无车承运人"新政的推出，为智慧物流的发展提供了保障；如果实施得当，将极大地促进物流企业转型升级。大数据、云计算、物联网以及区块链等新兴智慧技术在物流行业的应用极大地推动了物流企业信息化的快速发展。智慧物流成为物流产业高质量发展的重头戏，逐渐形成产业体系完整、生产组织方式网络化智能化、产品和服务质量高等格局，成为物流业供给侧改革的必然之路。

（1）智慧物流变革

2019年，智慧物流的发展得到了业界广泛关注，成为物流业发展与创新的一道靓丽风景。

从物流系统技术趋势角度看，智慧物流系统是由物流大脑、信息传输系统和作业执行系统所组成的。目前，物流大脑创新方面处于数字化发展阶段，正在向程控化和智能化全面进化；信息传输系统方面处于"互联网＋"阶段，正在向物联网和信息物理系统（CPS）进化；作业执行系统目前的热点是自动化和机器人，正在向柔性自动化、无人化和智能硬件系统进化。

从智慧物流核心技术创新趋势看，菜鸟网络的科学家预测，围绕IoT（Internet of Things，物联网）这个重大核心技术战略，人工智能、区块链、机器视觉、实时计算、柔性自动化等技术将呈爆发趋势，驱动整个物流业从人力密集型向资本、技术密集型转型。未来，在智慧物流信息传输体系方面，将呈现由"互联网＋"向"物联网＋"进化的趋势。

总之，未来智慧物流发展创新将全面开花。除了上述几个方面的进展外，对很多其他方面的变革也应予以关注。如：关键的智慧物流装备的核心零部件国产化将取得重要进展，物流机器人得到更广泛的应用，无人驾驶技术在货运领域开始得到应用，智慧物流市场规模增长迅速等。

（2）中国电商快递的增长速度出现下降

2010—2019年，我国快递行业业务总量保持逐年增长的趋势。2019年，我国快递业业务量累计完成635.2亿件，同比增长25.3%，但增速较往年有所放缓。

随着快递包裹基数的不断扩大,未来电商物流快递包裹增长速度还将下降,对此物流技术装备企业及快递物流企业必须要给予高度重视。假设快递包裹业务量每年增长速度继续下降,则2024年全年包裹量不仅达不到每天10亿件,估计连每天5亿件(即全年包裹数量1825亿件)都达不到。

(3) 现代物流基础设施网络建设

中共中央十九大报告提出,要加快现代物流基础设施网络建设。2018年年末国务院召开常务会,提出要多措并举发展"通道+枢纽+网络"的现代物流体系。为贯彻落实党中央、国务院关于加强物流等基础设施网络建设的决策部署,科学推进国家物流枢纽布局和建设,2018年12月24日发展改革委、交通运输部会同相关部门研究制定并印发了《国家物流枢纽布局和建设规划》。这些政策措施的发布,标志着在2019年中国现代物流基础设施网络建设已经全面启动。

(4) 中国物流市场需求增长趋势出现变化

从2012年以来,中国物流市场总需求增速就开始出现拐点,增速不断下降,在2015年达到谷底,物流总额增长速度仅为5.8%,成为近年来的最低点,造成这几年中国物流成本占GDP比例出现较大幅度的下降。

在2015年之后,物流总需求增长速度有所反弹,出现小幅回升,到2017年增长速度到达峰值,2018年基本处于平稳态势。

2018年后中国物流市场需求结构呈现出了较大变化。2018年国务院发布了关于调整运输结构的政策,大力推进公转铁、公转水,大力推进多式联运等运输方式变革。受这一政策影响,2019年公路货运业需求更为低迷,物流货运资源供大于求,成为物流货运企业及个体司机发展艰难的一年。

2020年公路货运的需求低迷会在一定程度上推动行业变革与技术进步。预计未来,货运车辆无人驾驶、卡车后市场、单元化运输等领域的创新探索将成为行业发展的亮点。

根据市场越低迷物流成本占GDP比重越下降的规律,2020年物流成本占GDP的比重可能会有明显下降,从而满足大部分物流专家和相关部门的期待,但物流行业从业者的未来如何发展,就变得更加未知。

(5) 即时物流配送推动末端物流变革

即时物流看似简单,从表面看仅是物流最原始的点对点配送模式,但在互联网成为基础设施的今天,大数据、云计算、物联网等先进技术都在即时物流配送体系中得到应用。数据驱动、智能调拨已经成为即时物流的核心竞争力。

预计2021年,即时物流将继续呈现高速发展态势。随着新零售的发展,即时配送迅速地同新零售的线下门店配送对接,快速向商超宅配、零售末端配送等领域扩张;随着"懒人经济"的发展,即时配送又开始与C2C业务对接,向代买代送、同城快递领域扩张;随着客户对配送时效要求的提升,即时配送也开始与传统配送系统对接,向同城落地配送领域渗透,推动末端的快递市场变革。总之,2021年即时物流将不断扩张边界,有可能成为本地生活的基础服务模式,推动本地生活新生态的重构。

(6) 中国家居物流快速发展

衣食住行中的民生领域都需要现代物流服务作为重要支撑,新时代的消费升级推动了"品质消费""懒人经济",推动了民生物流服务的快速发展。民生物流服务面对个体的用户端,呈现出碎片化、随机化等特征。

2019年中国家居物流和大件物流市场已经开始启动,家居电商也在快速发展,家居物流向着标准化、定制化、一体化、智慧化、供应链协同化方向进化。2019年中国家居物流成为了中国物流市场上的一个突出亮点,成为物流业界广泛关注的热点。

(7) 物流技术装备行业市场需求旺盛

近年来,随着中国电子商务与新零售的快速发展,智能制造的全面推进,人口红利的消失和劳动力成本的不断上升,物流领域的物流作业机械化、自动化、智能化发展迅速。通过实现机器代人而减少人工成本已经成为行业共识,这推动了物流技术装备市场需求的快速增长。

预计这一趋势在2021年会继续延续,2021年中国物流装备行业市场需求继续保持20%以上的增长,智能物流装备保持25%以上的增长。

预计未来几年,中国物流技术装备行业将继续处在高速增长的发展阶段。其中家居领域的市场需求将成为快速增长的新热点,电商、快递、新零售、服装、新能源、新制造等领域的市场需求将继续保持快速增长。

(8) 商贸物流标准化与单元化物流

商务部近年来大力推进商贸物流标准化试点示范工作,大力推进托盘标准化和托盘的循环共用,带动了物流箱、周转箱、货运车辆车厢、货运集装箱、货架货位、装卸设备、包装箱等产品的尺寸规格标准化,推动了产品包装模数标准化,激活了单元化物流发展的市场机制,为全面实施单元化物流打下了良好基础。

单元化物流是物流业提质增效的基础。在商务部的大力推进下,目前托盘标准化工作取得重大成绩,单元化物流深入人心,带动了围绕托盘标准化和单元化物流的一系列创新。

此外,在单元化小集装箱运输方面,还有例如宇鑫的区域网甩箱模式和壹站壹达的专线甩箱模式的探索。

(9) 城乡高效配送试点示范重点工程

2017年年底商务部等五部门联合印发《城乡高效配送专项行动计划(2017—2020年)》,提出到2020年,初步建立起高效集约、协同共享、融合开放、绿色环保的城乡高效配送体系。确定全国城乡高效配送示范城市50个左右、骨干企业100家左右,并提出了具体任务要求和开展重点示范工程的试点示范工作。

多部委政策的落地实施,为企业发展城乡配送指明了方向,为进一步完善城乡物流网络节点、降低物流配送成本、提高物流配送效率提供了有力支撑。

2021年全国城乡高效配送各项试点示范工程将进入全面推进阶段,全国参与重点工程试点示范工作的城市将采取各种措施,总结试点经验,发现骨干企业,编写先进企业案例,加强对试点城市与试点企业的评估与评价,推动建立高效绿色的中国城乡物流配送体系。

(10)中国重点物流企业开始海外拓展

以全球化的视野,将供应链系统延伸至整个世界范围。随着"一带一路"倡议的稳步推进,跨境电商快速发展,中国重点物流企业开始走向全球,在海外拓展业务,建立仓储物流基地,打造面向全球的现代物流网络体系。2021年中国物流企业海外拓展的步伐将进一步加快。

目前顺丰集团已经在新加坡、韩国、马来西亚、美国等十余个国家成立了营业网点,至少开通了14条国际航线。据其发布的2018年中报数据,截至2018年上半年,集团国际标快/国际特惠业务已涉及全球53个国家,国际小包业务则覆盖了全球225个国家及地区,并且公司还在美国、德国、爱沙尼亚等地建立了海外仓。

近年来菜鸟网络加快在全球"织网",目前搭建的全球航空运输网络已连接航线达106条,日均飞行航班225班,可飞达全球40多个国家和地区;菜鸟跨境网络已经遍布全球,服务覆盖224个国家和地区,初步搭建起一张真正具有全球配送能力的跨境物流骨干网。

京东物流则瞄准供应链服务全球化网络,计划搭建"以中国制造通向全球,全球商品进入中国"的双通网络,并通过建设海外仓等方式,缩短货品距离,实现48小时内中国与全球相通。目前,京东物流国际供应链已在五大洲设立超过110个海外仓,原产地覆盖率达到100%。通过海外仓进行供应链前置,能够避免增加商品不必要的物流成本,在原产地即开启商品的溯源追踪,也为打击假货和维护用户的购物安全提供了保障。

(11)智慧物流与新冠疫情

2020年新年伊始,一场因新型冠状肺炎引起的突发性公共卫生安全的"黑天鹅"事件爆发,新型冠状病毒引发的"抗疫阻击战"在武汉打响,抗疫的硝烟弥漫着整个国家。这次疫情不仅是对我国医疗体系和生物防控能力的实战检验,更是对我国综合治理能力的考验。而作为国民经济的先行官,物流系统在这场战役中的角色在某种意义上可以说决定着整个疫情抗击的进程和效率甚至成败,物流行业在国民经济中的支柱作用,从未像现在这样明确。

① 新冠疫情的防控应对力度大。在2003年,SARS疫情从2002年11月广东发生第一例开始到2003年6月底WHO宣布北京"双解除",持续7个月,严控时间段在春节后,尤其是在4月与5月。SARS疫情的防控积累了大量的经验。2020年的新冠疫情始于

2019年12月,2020年1月23日后湖北各地市"封城"、20余个省市延迟一周开工,全国管控一盘棋,多管齐下,有效控制疫情蔓延,最大程度降低疫情对后期正常生产生活的影响。

② 对物流行业的影响可控。制造业方面,新冠疫情主要发生在春节长假期间,在一年四个季度中,一季度产值占比最低,如果疫情可以在短期内得到控制,陆续恢复生产,第一季度的损失可以得到弥补,仅对短期生产应对产生影响,只要恢复及时,对制造业影响范围仍然有限。

零售业方面,社会化总消费已在春节前完成一大部分,疫情的影响主要集中在餐饮、娱乐、旅游等体验类消费方面。虽然消费行为会因为疫情在消费动机、消费类目、消费额度上有所影响,但在以80后、90后为主的消费主体来看,主要还是表现为消费推迟,疫情及时控制后,被压抑的消费需求还是会释放,对社会化总消费影响也不大。与此同时,在本次疫情后,针对体验类消费的物流场景与业务将会更加丰富与成熟,形成物流行业新的业务内容。

政策应对方面,国家各地在疫情期间支持企业经营政策的及时出台,为企业的生产恢复与发展提供了政策环境。与此同时,银行也对一些支持恢复生产秩序的企业给予资金支持,这对整体社会生产秩序的尽早恢复带来了较大帮助。

③ 物流发挥的作用得到广泛认可。现在中国物流的社会化程度已非常成熟,并已产生了菜鸟、京东物流、顺丰、三通一达、苏宁物流、德邦、日日顺等物流实力较强的社会化企业或平台。在本次疫情中,成熟的物流运作机制在应急物资供给与调配方面发挥了很大作用。政府、企业、消费者对物流的信任度进一步增强,这为物流业的深度发展提供了较好的基础。现在各个方面都支持物流行业优先复工,突破物流瓶颈,也说明大家已经意识到了物流对社会经济的支撑作用,这给物流行业提供了较好的经营环境。

物流底盘的厚实、物流体系的完善、物流网络的健全在本次疫情中使物流行业应对风险的能力得以充分地体现,得到了广泛的认可。所以,在疫情得到及时控制、正常的生活生产秩序恢复后,物流行业的自救与恢复能力比较强。

1.4 总结与展望

目前走向国际的物流企业已经超越简单的仓运配服务,随着服务链条的延伸,需要物流与供应链全流程地优化整合设计能力,需要考虑物流与本土化企业的生态联动,需要建立当地的落地配网络,需要形成双向对流的物流通道。这是一条艰险的道路,任重而道远,预计随着中国产品走出去和国外产品买进来,未来中国物流企业走向国际的步伐必将进一步加快。

中国物流行业正以前所未有的速度快速发展与演进。回顾近年来的物流相关项目实践,能够得出一个深刻体会,即"物流行业既是近年来中国商业迅猛发展的受益者,更是推动中国商业模式深化创新与持续变革的重要驱动力量"。展望未来,中国物流行业的发展将进一步围绕标准化、规模化、全球化、差异化、跨界化及智慧化六大主题展开。

1.4.1 标准化

2018年,商务部在围绕"物"的标准化基础上,又以"物"的单元标准为载体,推动标准化工作由标准货物单元向计量单元、信息单元、订货单元方向发展。通过给标准单元赋码,推进GS1编码标准全面实施,推动了物流、信息流、商流三流合一,促进了以单元化为基础的供应链体系建设。2018年商务部还联合九部委正式发布了《关于推广标准托盘发展单元化物流的意见》,该意见的发布吹响了单元化物流的号角。

单元化物流是物流业提质增效的基础,在商务部的大力推进下,目前托盘标准化工作取得了重大成绩,单元化物流深入人心,带动了围绕托盘标准化和单元化物流的一系列创新。如:社会化的托盘循环共用开放体系得到推进,运输领域单元化物流运输创新取得突破,农超对接生鲜蔬果周转箱应用取得重大成效等。尤其是在单元化甩箱运输方面,由于甩箱运输既可以大幅度降低运输成本,又可以实现前置分拣,得到了一些运输企业的青睐,创造了新的运输模式和创新的独角兽企业。

预计未来,单元化物流的创新模式将引起社会广泛关注,其中的创新性独角兽企业快速发展,从而带动中国单元化物流发展进入一个新阶段。

1.4.2 规模化

中国交运物流行业未来将受两股力量推动,进一步带动行业整合及规模化发展:第一,政策驱动的行业规模化;第二,市场驱动的行业规模化。

(1) 政策驱动的行业规模化

国家推动设施资源型企业加速整合以强化企业市场化竞争能力,同时行业层面的政策将间接推动相关市场的整合。

首先,从国家层面看,在深化推进供给侧结构性改革的大背景下,中国产业整合覆盖的广度逐渐向公路、机场及港口等物流设施资源型产业延伸,以强化原有资源配置效率、释放协同效应空间、提升综合服务能力。以海空领域为例,通过建立省港口、机场集团平台从而深度推进以省为单位的资源统筹规划、业务协同发展的目标。同时,行业层面的相关政策同样将会驱动市场逐步整合。其中,汽车运输行业有鲜明的代表性。行业法规强化了道路运输的合规要求,从而迫使一些缺乏核心竞争能力、依靠原有非合规优势存活的运输企业逐步出局。未来,整合集团应深度思考未来的整体发展战略,并明确业务和组织层面的整合思路。同样,领先、合规的道路运力企业应把握整合契机。

(2) 市场驱动的行业规模化

增量市场向存量市场转变过程中,交运物流企业市场化整合加速。随着市场整体增速放缓,经历了高速成长期的中国物流行业将从增量攫取向存量争夺转变。因此,市场化整合的趋势将愈发明显,各物流细分行业在汰弱留强的过程中呈现出明显的集中度提升态势。对于标准化、规模化程度较高的快递行业来说,行业集中度显著提升,头部企业规模优势壁垒显现,而非头部企业面临被整合或被出清的发展危机。与此同时,在非标属性明显、行业仍然分散的物流专线市场,新兴整合型平台正快速涌现,并受到资本市场热议。中国物流市场相比美、日等成熟市场仍然具有持续整合的空间,在客户诉求持续提升、竞争压力逐步增加的背景下,企业应深度思考核心竞争能力的持续构建,以进一步抢占市场份额、保持领先地位。

1.4.3 全球化

中国交运物流行业将具备更为鲜明及坚定的全球化发展视野:第一,国家视角驱动中资交运物流企业勇于往外走;第二,企业视角要求自身必须往外走。

(1) 国家视角的全球化趋势

"一带一路"倡议为中资企业带来沿线基建、物流通道搭建机遇。在国家"一带一路"倡议的红利影响下,针对沿线国家的基础设施和物流大通道的联通建设成为热点。包括国资和民营在内的中资企业纷纷加速了"一带一路"沿线海外物流业务布局及物流资源的投资与收并购步伐。以港口、机场、铁路、高速公路等为代表的国资背景基础设施型企业正加速布局国际业务,积极加强海外物流基础设施资源的所有权及运营权的获取。同样,领先物流企业正加强跨境物流及当地物流业务的布局,同时积极提升对沿线国家优质物流资源和合作伙伴的识别与合作。未来基于"一带一路"倡议的重要物流节点的资源卡位将成为中资出海重点。企业在加速海外物流资源布局的过程中应积极思考未来整体国际化战略,同步形成明确的商业及盈利模式。

(2) 企业视角的全球化趋势

交运物流企业主动推进国际化,寻求"新常态"下海外增长点。随着国内经济步入"新常态",国际化成为领先物流企业保持业务持续增长的重要战略方向之一。企业通过海外仓物流资产投入、海外落地配团队的收购和搭建、海外物流服务延伸等方式,逐步完善全球供应链及物流基础网络,践行供应链及物流全球融合的发展目标。与此同时,伴随中国制造全球出海的步伐,一批拥有全球供应链服务能力的物流企业正快速崛起。以品牌出海领先的3C行业为例,相关企业配合品牌出海,正积极在东南亚、中东等新兴发展国家和地区布局供应链及物流服务网络,以帮助上游企业出海奠定全球中后台服务保障能力。同样的,以航空领域为例,国有三大航亦将国际化作为未来重要的战略抓手,均加大国际市场资源投入,并在欧美等主要海外民航市场发展本土合作伙伴。中国供应链及物流企业需要进一步明确其国际化战略和布局方向,从而快速建立全球化供应链,提高物流服务能力。

1.4.4 差异化

市场需求逐步细分及市场竞争逐渐加剧将驱动物流行业的差异化特征愈发明显:第一,消费者诉求差异化推动物流商业模式的迭代、细分;第二,中国物流玩家在高度竞争的市场环境下将进一步差异化自身定位,构建核心竞争壁垒。

(1) 物流行业模式差异化

物流市场的需求细分化正推动着物流商业模式的创新。随着新零售改造的不断深化,物流需求场景正在不断迭代与细分,推动着中国物流模式的不断创新。随着以餐食外卖场景为主的即时配送服务的普及,用户越来越高的分钟级时效诉求正推动着物流模式的迭代,驱动传统物流模式的升级和演变。因此,"前置仓""店仓一体"等区别于传统中心网络制式下的物流商业模式不断迭代涌现,而这些创新型物流模式又反向倒逼传统物流企业进行产品和服务的升级。在供给端,物流模式的创新也在改变着传统低效的供销模式,B2B产业供应链近年来亦呈现出蓬勃的发展态势。中国物流企业在夯实自身核心主业的过程中,应高度关注行业变革趋势,并积极思考自身商业模式的升级机遇。

(2) 物流企业能力差异化

领先物流企业致力于核心能力的锻造,构建差异化的专业壁垒。面对越发激烈的市场竞争,中国物流行业未来将逐步分化出角色定位差异更为清晰、协作更为紧密的三类物流企业,即供应链整合商、运力提供商和基础设施提供商。不同类型的物流企业致力于差异化核心能力的构建,形成专业壁垒。对运力提供方而言,运力资源的组织和管理、线路规划能力等是实现交付时效及成本最优的关键。对供应链整合商而言,积极提高供应链整体协同效应与规模效应是制胜关键。相应的,对物流基础设施提供商而言,进一步强化网络结构、提升供应链各节点的运营效率,是未来竞争的关键。物流企业应充分尊重所在细分行业的特征及企业自身基因,充分构建差异化核心竞争能力,打造未来的制胜之钥。

1.4.5 跨界化

事实上,中国交运物流行业逐步呈现出跨界化的发展态势。第一种跨界来源于企业自身的业务边界,领先企业已经不仅仅满足于单一细分领域的业务发展,而是围绕满足客户综合物流需求的一站式服务能力构建;第二种跨界则来源于竞争对手的识别,尤其在供应链领域,领先企业后台能力正逐步独立及外化,对传统企业构成竞争。

(1) 企业自身业务的边界跨界化

物流企业逐步开展及加强多元业务探索。传统物流行业细分领域界限正逐渐模糊,多元化已经逐步成为领先物流企业的发展实践方向。一方面,相邻细分行业的多元化将有助于企业释放协同潜力、延伸优势资源,另一方面,多元化也成为物流企业满足客户一站式物流诉求、寻找新增长点的普遍选择。在标准化物流产品领域,快递与快运作为典型的标准化网络型物流行业,相关企业正在积极跨界发展。同样,近年来领先物流集团通过打造围绕客户的综合物流解决方案,构建包括快递、重货、冷链、同城即时配、合同物流、跨境物流等多网并存的综合物流网络。事实上,在航空领域同样可以观测到类似趋势,主流航司一方面从单一客运服务商发展为综合型旅游产品集成商,另一方面从单一货运承运人发展为综合物流服务商。中国物流企业应在跨界发展的过程中尽快获取相关经验和能力,并释放业务协同效应。

(2) 成本与盈利中心的边界跨界化

内部供应链能力沉淀,并且对外服务形成新盈利点。基于内部能力固化、业务化,从而打造对外服务能力的商业模式,正逐渐成为中国企业的新盈利点。在生产制造和餐饮零售行业,均涌现出由此类行业领先企业剥离出来的独立供应链服务企业。一些成熟的制造业企业将VMI仓库管理、供应商原料清关、入厂物流服务等核心供应链服务进行剥离,形成独立供应链业务以对外向市场提供服务,并依托母公司上下游企业客户或供应商资源,快速拓展外部业务,成为智能制造领域的领先供应链综合服务商。参考领先标杆,传统企业将体系内优势供应链服务能力进行市场化服务不失为一种在经济常态化发展中寻求破局的思路。如何培育和沉淀核心竞争力,如何实现外部客户的拓展,如何平衡内外部客户,将成为业务独立过程中的重点问题。

1.4.6 智慧化

中国物流行业的智慧科技武装将驱动行业提质增效、培育新晋企业。

(1) 物流行业布局物流智慧科技

资本市场及企业对物流智慧科技应用场景的落地拥有高期待,自动化、人工智能、大数据、物联网等技术驱动的物流科技应用场景的落地正成为行业热点。除资本市场外,越来越多的物流巨头以物流科技产业基金、集团研发投入等形式加紧布局物流智慧科技,其背后是对智慧科技驱动行业降本增效的高度期待。企业如何前瞻布局、结合现状、拥抱未来值得所有从业人员思考。

(2) 智慧科技推动物流行业全新发展

智慧科技在物流行业的快速落地及应用将催生行业新赛道、孕育新企业。事实上,一批"技术型选手"正通过科技手段来解决传统物流模式下的行业痛点,并带来全新的客户服务体验,比如在典型的公路运输、海运货代等领域,正涌现出诸如无车承运平台、数字货代等新业务。物流智慧科技在未来一段时间内将成为企业卡位、创造行业新赛道的重要力量。

第2章 智慧物流园区发展模式

近年来,随着我国物流业的快速发展,智慧物流仓配设施的建设和发展得到了前所未有的重视,以何种模式发展智慧物流仓配最优的问题亟待解答。物流园区作为仓配的重要设施,已经发展到何种水平以及接下来将如何发展正被广泛关注。截至2018年年底,中国物流与采购联合会先后评定了56家全国示范物流园区,立足于这些园区的交通情况、智慧化水平、联动和协同发展等实施情况,本章着重分析其发展现状及面临问题,总结发展趋势。在发展模式方面,本章引入"物流园区+"概念,按共性和个性分类,阐释现有的多种与其相关的发展模式。针对物流园区发展问题和"物流园区+"模式发展问题,提出相应的改进建议,旨在为物流园区发展提供借鉴思考,加快我国智慧物流园区的发展,全面提升智慧物流园区的建设、服务水平,加速推进智慧物流仓配装一体化进程,助力智慧物流发展。

2.1 全国示范物流园区建设与智慧物流发展

物流园区建设是物流基础设施的重要组成部分,是推动实体经济降本增效的重要环节,在物流发展中起基础性、关键性作用。2015年以来,我国物流园区建设和发展得到了前所未有的重视。近几年来,国民经济水平的提升、物流业的发展、国家政策的推动以及技术水平的进步,为物流园区的发展营造了较好的环境。与此同时,物流基础设施投资快速增长,2015—2017年,交通运输、仓储和邮政业投资逐年增长,国家重点物流枢纽(园区)和通道基础设施水平得到提升。总体来看,我国物流业发展总体平稳,供给侧结构性改革成效凸显,市场规模不断扩大,物流需求结构化,物流发展质量和效益稳步提升,物流产业正在向高质量发展阶段迈进。物流园区是物流业中重要的基础设施之一,迫切需要提高物流服务效率,达到降本增效的目的。在设立全国第一批示范物流园区之后,相关物流园区变被动为主动,在园区内的建设、运营、服务及社会效益等方面主动出击,积极改善园区基础设施建设,优化园区运营,提升服务水平并扩大社会效益。这不仅提升了社会物流服务水平,还促进了物流产业集聚[1]。发展智慧物流需要把物流园区的示范建设工作与党的十九大报告中关于加强物流基础设施网络建设以及在现代供应链领域培育新增长点、形成新动能的决策部署结合起来,及时总结示范工作经验,推动完善物流园区功能及体制机制,以点带面地提升我国物流园区建设、管理和服务水平,着力推进物流降本增效,促进实体经济发展。

2.1.1 全国示范物流园区发展现状

截至2018年2月,我国已经评选出第一批29个、第二批27个,共计56个全国示范物流园区,表2.1是全国示范物流园区的分布情况。

表2.1 全国示范物流园区分布情况

区域	东部	中部	西部	东北
数量(个)	26	12	15	3

这些全国示范物流园区的地理位置都具有一定优势,主要围绕交通枢纽布局。它们都是紧扣国家发展战略,结合当地的市场、产业需求而设立、发展的,大多分布在已经成型的综合枢纽城市,一级或者二级节点城市以及"一带一路"经济带的城市。示范物流园相对其他物流园区来说,更好地实现了资源整合、合理集中布局、土地利用最优化、功能集成等功能,有效地拉动了投资环境的改善步伐,促进了产业结构优化和动能高效转换。后文将从依托交通枢纽运输情况、园区的智慧化技术发展、联动发展与带动发展等三个方面对全国示范物流园区发展现状进行说明[2]。

这些全国示范物流园区都具有一定的地理区位优势,有的可充分整合园区周围的交通枢纽,为园区发展服务;有的可继续发挥自己得天独厚的区位优势,大力开展多式联运,加速园区的发展。例如,中鼎物流园区开行以铁路为主导的多式联运班列,不仅开展了国内的公、铁路联运,还开通了直达俄罗斯、哈萨克斯坦等国家的中欧、中亚班列,成功构建了以中鼎物流园区为枢纽、辐射全省、连接全国的多式联运骨干网络,形成"集装箱中心+公铁转运+铁路口岸+公路散集+小镇配套"的网络;南京龙潭综合物流园区地处龙潭港枢纽经济区的核心区,园区充分利用了龙潭港、周边铁路货运站以及多条高等级公路,发挥区位优势和公铁水多方式通道密集优势,以码头港口和专业化仓储为作业点,开展铁水联运、公水联运、公铁联运等多种业务模式,促进货物的快速化和便利化流动。

物流园区的发展离不开现代化技术及网络大数据等的支撑,在这些全国示范物流园区中,许多园区的信息化建设与技术应用都比较成熟。例如,嘉兴现代物流园区大量引入了智能机器人来解决问题,装备了世界领先的自动分拣货柜,建设起IPv6智能交换中心,从而打造制造业、商贸业、物流业三业联动智慧物流平台;广东林安物流园区的"林安班车"实际上是一种城际运输移动端APP,为有效整合车辆资源、降低物流成本而上线的"林安货的"是一种同城配送移动APP;安徽合肥商贸物流开发区联合阿里云大数据团队,打造了"货车帮"APP、"物流QQ-APP"平台,实现了货源信息与车源信息的有效匹配;山东佳怡物流园区先行先试,积极探索各种甩挂运输方式,通过"云仓共享"对供应链上、下游企业进行高效的系统组合,实现了供应链上下游企业的共生共赢。

全国示范物流园区在发展过程中,不仅使园区自身得到高效发展,还主动联系上下游,加强企业间物流业与制造业的联系,推进产业间协同发展,带动城市经济发展[3]。例如在义乌港物流园区,只要货物一进入园区即视为进入宁波舟山港的港区,实现了义乌港与宁波舟山港"同关同检""同港同策",且义乌港还针对市场特点,坚持"买全球、卖全球"的战略定位,积极大举发展仓储业务,建立了智能化大型仓库;南充现代物流园运用"物流＋制造"模式,在招引重钢、攀钢、陕钢等全国知名钢材厂家设库的同时,引进钢材加工企业,为吉利汽车、江淮汽车等102家汽车汽配企业进行钢材成形加工,提供汽配、钢坯等产品,形成集供应商、仓储、加工、贸易、金融、信息于一体的川东北钢材总部基地,完善汽车零部件与汽车物流配套服务,推动了当地制造业等的共同发展。

2.1.2 示范物流园区发展存在的问题

当前,我国示范物流园区的发展仍存在一些问题亟待解决。

首先,未充分利用各种交通资源形成有效联运。发展多式联运是物流园区的发展趋势之一,在这些示范物流园区中,也有多式联运程度不高或者还没有完全进行多式联运、仍在规划阶段的示范物流园区[4]。香江物流园地处东北亚国际物流集散中心的核心区域,园区附近公路居多,目前运输方式还比较单一,距离长春国际铁路物流港和长春龙嘉国际机场分别为5千米、25千米,距离尚可,但是还没有建立起园区与港区、机场的快速通道,与大连港的连接程度也有待加深,多式联运的发展也只是处于规划阶段;陕西国际航空物流港,其定位是充分发挥西咸新区空港新城丝绸之路经济带上航空枢纽的区位优势,实现立足西北、连接全国、辐射欧亚、联通世界的大型综合航空物流港,在规划时,围绕航空枢纽规划区内的157条道路,目前已开工57条,开工比例仅为36％,陕西国际航空物流港发展至今,距离规划目标仍有很大距离,货物落地后,由于陆路运输交通网线不够发达密集,对物流服务的时效性限制较大,增加了物流成本。

其次,未将硬件与算法充分融合。在高度智慧化与技术化融合的示范园区中,也有些园区在这一方面还没有起到相应的示范作用。内蒙古红山物流园虽然应用了云计算、大数据等技术,但智慧化发展程度不是很高,"互联网＋物流"还在规划试点阶段,没有充分将云计算和大数据作用发挥到极致,如在物流环节中,上下环节信息处于分散状态,信息衔接不够紧密；北京通州物流基地位于我国首都，在区域、政策、信息、现代化水平以及智能化上有着得天独厚的优势，但是就目前来说，其发展优势还未完全发挥出来，没有将已拥有的信息整合起来，也没有一个专业化的、以信息技术作为支撑的、面向国际的信息服务平台。

第三，园区的示范带动作用未得到充分调动。相比较这些协同发展较好的示范物流园区，还有一些在其他方面领先但是在联动协同发展方面还处于规划或者是试点阶段的示范园区[5]。安徽华源现代物流园是著名的全国性医药商业中心、医药会展平台、重要的药品储存基地，园区发展势力单薄，对当地市场的带动作用不够明显，可以在特色产业发展相对成熟的基础上，联动当地其他产业，协同发展；青海朝阳物流园区位于青海省省会西宁，但是对当地产业的带动作用还没有发挥到最大，若发展得好，可以助力青海金属、木材产业的发展；有些物流园区之间距离较近、相关程度密切，但是两个甚至多个园区在实际运作过程中真正产生关联的很少，在园区业务和服务或者运营中互动不多，联系较少，不利于自身与其他园区的联动发展。

2.1.3 示范物流园区发展建议

密集交通网线，完善多式联运发展。围绕物流园区，加密路网、铁网，强化园区本身与外部区域的交通连接，如香江物流园可以建立起与附近园区的直接通道，加快多式联运的成熟化步伐。多式联运体系不完善的园区要学习借鉴发展成熟园区的发展模式，根据自身的实际情况与需求，建立起符合自身发展的、具有特色的多式联运发展模式。通过平台信息共享，推动多种运输方式有机衔接与无缝对接，真正实现线上线下信息共享与信息一致性，进一步整合物流平台优势，不断优化物流信息平台，加强企业间联合，打破不同企业、不同部门的隔阂，充分利用现有的资源，提高货物流转速度，减少单一企业的运输成本，提高我国物流业整体运营效率，降低物流总费用，推动我国向物流强国发展。

引进先进技术，打造智慧化专业化园区。当下，技术与现代化是各行各业发展的必需品，应积极利用具有高热度的互联网、云计算、现代化技术、大数据等打造智慧化物流园区。围绕物流科技核心产业，引进最前沿的物流科技装备、技术，打造先进的物流服务平台，将线上与线下发展有机衔接起来，通过线上建设畅通无阻的实时物流信息平台、线下建设实体智慧物流港等，推进"一智到底"。提高园区管理水平，着力整合条码技术、无人机技术、数据采集技术等先进的、与物流相关的技术，实现现代化物流园区的运作以及提高规模经济效益。

促进多业联动、多方面协同发展。好的物流园区会在促进自身发展的同时，带动周围的产业乃至城市经济共同发展,主动联系市场、实地调研,考察哪些产业有发展潜力、哪些业务可以与园区业务实现互利共赢,并付诸行动,突破单一的发展模式,结合当地实际的产业情况以及城市条件,多业联动,共同发展。物流园区可以联合附近的两个甚至多个园区,取长补短,优势互补,以云计算、大数据和各个港区为支撑,通过优势资源共享、联动发展,促进不同功能的物流企业联盟合作,并通过战略格局、组织模式、运作流程、服务规则、技术标准等一系列融合创新,实现消除短板、降本增效,向规模化、高水平物流行业迈进,从传统物流行业运营方式向现代物流运营方式转变。

2.2 "物流园区+"发展模式

物流园区具有推动经济发展、整合城市零散社会物流资源、为资源集聚提供发展载体的功能。近年来,物流园区作为现代物流业发展的重要节点,受到政府和行业越来越多的关注,中国物流园区的数量也在不断增加。中国物流与采购联合会和中国物流学会编制的《第五次全国物流园区(基地)调查报告(2018)》对同时符合三项条件的物流园区进行调查:① 署名为物流基地、物流中心、公路口岸、铁路港口、物流港口、陆港等的单位或企业;② 园区占地150亩及以上,有政府出具的土地使用手续;③ 园区内有多家企业可以提供社会化物流服务,包括物流园区的规划、建设和执行[6]。调查结果显示,物流园区应秉持开放共享、合作共赢理念,积极参与互联互通,加强与其他物流基础设施的有机衔接,与相关产业深度融合,发展"物流园区+"模式。而"物流园区+"中的"+"本质上是指在行业和时代赋予的机遇中,以园区为支点,站在跨产业层面发展各种经济的商业模式,是基于物流园区的规模扩张和价值链上战略扩张的加强,是对既有商业模式的解构和创新[7]。"物流园区+"概念的引入意味着物流园区的发展将以园区为支点,立足跨产业层面,发挥其规模优势和物流园区集约化优化。在"物流园区+"背景下,回答如何提高物流园区的服务水平和今后的发展的问题,具有重大的意义。

2.2.1 "物流园区+"发展模式及现状

基于我国物流园区发展模式、发展现状和存在的一些问题,"物流园区+"发展模式可能更适合现在物流园区的发展。目前,"物流园区+"发展模式主要有以下四种模式:

"物流园区+贸易"的发展模式是物流业与商贸流通的结合,物流园区参与企业物流运作过程,并嵌入供应链,与电子商务公司、批发零售企业和分销公司建立合作关系,使物流与商流形成良性互动。一方面,商贸公司可以充分利用园区物流平台的优势,塑造产品形象,展示销售平台,为客户提供高效便捷的销售物流服务,增加销售机会;另一方面,商业的繁荣增加了对物流的需求,也对物流本身提出了更严格的要求,反向促进物流业更快更好地发展。这种发展模式不仅适用于较发达城市的物流园区,也适用于位于消费型城市的物流园区,在促进物流公司发展的同时,也促进了城市经济贸易的发展。

"物流园区+产业链"发展模式是在物流园区与周边产业不断进行融合发展且逐步增强集聚能力的情况下出现的一种模式,是"物流园区+产业"模式的一种升级。在这种模式下,物流园区依托自身便利的集散分拨条件和集聚的物流资源优势,围绕服务的核心产业,将产业链向上延伸到商业的技术研发环节,并将产业链向下延伸到市场发展环节和售后服务环节,上下游产业链的延伸促使上下游企业可以在园区内实现链条化的发展和成为产业链的枢纽。同时园区的服务功能也由初级的基础物流服务向深加工服务、信息服务和金融保险服务方向拓展,实现基础物流服务向高级的增值服务功能的转变。这种发展模式适用于依托大型交通枢纽且具有明显交通优势的物流园区,如以大宗商品和装备制造等产业链纵深较长的货源资源为主的园区。

"物流园区+金融"发展模式是近年来出现的一个新概念,它是在物流增值链中产生和发展起来的。宽泛的"物流园区+金融"发展模式是指各种金融产品在供应链管理过程中得到应用和发展,能够有效组织和规范物流领域中货币资金流动,实现物流、商流、信息流和资金流的有机统一,使融资业务活动的供应链运作效率显著提高。"物流园区+金融"模式也可以与物流园区中的其他模式组合存在,它不仅是金融业务创新的结果,也是物流业发展的需要。

"物流园区+互联网"发展模式是线上平台和线下资源在物流园区发展中的融合,实现了信息平台和实体平台的联动发展。要想实现基于互联网技术的物流生产作业和物流营销策略,物流园区就应该优化运营流程、简化运营环节、提高运营效率、减少运营成本、加快转型升级[8]。此发展模式可以单独存在,也可以与其他模式组合存在,通常用于基础设施和服务功能完善,使物流园区拥有充足的资源,如车辆来源和供应来源以及高水平的信息化建设。在我国综合交通运输系统的发展中,物流园区逐渐成为各种交通方式的重要接口,它是确保城市正常运行的重要环节,是实现"最后一公里"的重要载体[9]。

2.2.2 "物流园区+"发展模式存在的问题

我国物流园区虽然发展较快,但随着物流园区数量的增加,盲目建设、利用率低、空置率高等问题逐渐显现,物流园区发展陷入了困境[10]。在其基础上发展起来的"物流园区＋"存在的问题则更加明显,具体表现主要有以下三点:

园区区域经济发展缺乏科学规划,同质化严重。随着物流园区供给不平衡、供给结构矛盾突出等问题的加剧,造成了部分物流园区缺乏科学的规划,缺乏与区域经济发展有效衔接的问题。首先,由于没有科学的区域规划和缺乏对实际物流需求的了解,物流园区定位不明确,功能相同的物流园区的数量增加;其次,宏观层面与城市建设规划、产业资源配置等缺乏整体协调,导致物流资源闲置、物流行业监管不力[11]。同质化问题的出现,影响了园区的健康发展,尤其是一些中小城市盲目建设物流园区和不进行整体规划,最终导致功能相同的物流园区数量过多,物流园区同质化严重。

"物流园区＋"主体地位不明确,往往处于辅助地位。在"物流园区＋"发展模式中,主体地位不明确的问题已成为阻碍其发展的一大难题。在发展模式的调查中,可以看出"物流园区＋"的发展模式在物流发展过程中基本处于弱势地位,主导地位的丢失使得其发展模式在发展过程中产生了一些问题。例如,在"物流园区＋互联网"的发展模式中,物流园区在发展过程中集成了在线平台和离线资源,实现了物理平台与信息平台的联动发展,该模式随着互联网在各行各业的不断渗透而发展。所以可知"物流园区＋互联网"的发展模式是基于互联网的不断发展,因此互联网的发展处于主导地位,而依靠其发展的"物流园区＋互联网"则处于辅助地位。"物流园区＋互联网"随着处于主导地位的互联网的发展而发展,因此存在缺乏自主性和创新性等问题,既不利于普通物流公司的发展,也不利于一些创新自主的物流公司发展。

"物流园区＋"中"＋"的方向不明确。"物流园区＋"发展模式中的"＋"实质上是"＋"各种方向,方向的多种多样对"物流园区＋"发展模式产生了影响,导致部分群体只注重"＋"之后的方向,很少有人关心这些方向与物流园区的结合。例如,"物流园区＋货运"模式,这个方向只单纯地给出了货运这个方向,至于货运应该怎么和物流结合落地却没有提及,这导致了"物流园区＋货运"的发展模式不尽如人意,反而影响了货运物流公司的发展。

2.2.3 "物流园区＋"发展模式优化

"物流园区＋供应链"模式能够解决同质化严重的问题。物流是供应链流程中的一员,供应链是物流公司在发展过程中沿着价值链进行毗邻扩张的一种方式。运营这种模式在突破物理空间限制和实现专业化经营后,物流园区通过供应链向产地和销地两端延伸,而跨越组织边界,实现产品生命周期可追溯。通过智能物流取得供应链核心地位的企业使整条供应链实现一体化,将物流园区发展为供应链集成模式下的枢纽节点,分享因供应链深度和广度增值带来的效益。虽然物流业发展的基本方向和趋势倾向于科技化和整合性,但大多数物流园区目前仍然处于企业规模小、实力弱、信息化和标准化程度低、物流园区间资源分散的状况,因此物流园区要想摆脱同质化现象,应借助供应链平台以改革促管理方式,为物流园区的发展提供相应的资源整合和科学规划。

"物流园区＋智慧物流"模式能够解决主体不明确问题。针对"物流园区＋"发展模式中主体地位不明确,且基本处于辅助地位的问题,首要措施就是加强"物流园区＋"发展模式的主体地位,争取让其从辅助地位转为主导地位。核心措施是加强物流园区本身的竞争力,加强智慧物流在技术以及管理体制创新、战略创新、业务流程创新、组织创新、文化创新中的应用,将物流信息、物流管理、物流技术和设备等资源整合到物流园区中,以物流园区为主体,创新打造核心竞争力。出于物流园区仓库和选址等方面的考虑,应该重视物流园区的区位因素,从提高本身实力的角度加强物流园区的主体地位。

"物流园区＋生鲜"模式可为方向不明确的问题探寻出路。不同于以往的只是单纯强调生鲜这个方向,其实生鲜产品中的冷链物流配送环节应该是这个发展模式中的关键点,加强冷链物流体系建设,提高冷链物流配送效率,解决冷链物流配送"最后一公里"的短板问题也是这个模式需要考虑的问题[12]。明确生鲜这个发展方向后,落实冷链物流配送的具体环节是这个发展模式应该注意的着力点。例如,合肥的部分一品生鲜超市在生鲜配送方面有着自己单独的策略,它们建设冷链物流体系和更新配送环节,加速了超市的冷链物流发展,更新了相应的服务规范,从而保证冷链产品质量,减少养分流失,确保食品安全。因此,只有落实具体的发展模式,才能更好地弥补之前存在的问题以及更好地促进物流园区的发展。

2.3　总结与展望

示范物流园区是我国物流业发展中涌现出的先进典型,代表了我国物流园区的发展水平。本章从交通枢纽运输发展、园区的智慧化及技术应用程度、联动协同发展情况分析了全国示范物流园区的发展现状及不足之处,并提出了相应的发展对策。示范物流园区的发展趋向成熟的多式联运、联动协同发展、物流信息平台化、园区智慧化、绿色化等方向发展。当然,这也是我国智慧物流园区的发展趋势。基于对物流园区发展现状的分析,本章对"物流园区＋"发展模式存在的问题进行了深入阐述,提出了优化后的"物流园区＋"发展模式:第一,针对同质化现象严重,可以改革管理方式,采用"物流园区＋供应链"发展模式;第二,引入智慧物流的概念,强化物流园区主体地位;第三,以"物流园区＋生鲜"为例,在明确发展方向后,重点强调冷链物流配送环节等具体措施的实施,使得生鲜这个方向有了明确的落地点,有利于智慧物流园区的进一步发展。

在智慧物流园区的发展过程中,要灵活地学习和借鉴其他园区的可取之处,善于结合园区自身的实际情况,从共性中寻找个性,同时针对已经存在的问题改进原先的发展模式,最终实现智慧物流园区的高效运营与降本增效的目标,推动社会实体经济的发展。

第3章 物流业效率评价及影响因素

21世纪以来,随着经济全球化的不断深入和信息技术应用水平的不断提高,物流业取得了巨大的发展。据统计,2018年我国社会物流总额上升至283.1万亿元,同比增长6.4%,社会物流总费用占当年GDP比重为14.8%,物流业景气指数始终在55%左右波动[13]。从上述数据可知,我国物流业规模日益壮大,质量水平不断提升,逐渐成为国民经济发展的推动力量和重要支撑。但我国物流业的发展也存在一定的问题,物流业的技术效率水平整体并不高,无法有效支持我国经济高质量发展。为了能够有效发挥物流业作为服务业的功能以及有效支持供给侧改革,有必要对物流业效率及影响因素进行探索,针对效率表现及影响因素,提出改进建议和对策,提升我国物流技术效率,推动物流业的健康发展。因此,物流业效率问题引起了不少学者的关注[14-16],其中孟鑫[15]、Min和Joo[16]等学者采用数据包络分析(data envelopment analysis,DEA)或改进的DEA方法考察物流业效率。该方法可以测算多投入多产出的效率问题,但忽视了随机误差的影响[17],且无法直接对物流效率的影响因素进行分析,而随机前沿分析(stochastic frontier analysis,SFA)弥补了DEA方法的不足[18,19]。因此,本章采用SFA构建物流效率测评模型,以80家物流上市公司2013—2017年财务数据为样本,揭示物流效率与影响因素之间的相关性,分析我国物流业效率及其影响因素,这对节约物流成本、促进我国物流业高效发展具有十分重要的意义。

3.1 我国物流业效率现状

近年来,学术界重点关注方向之一是如何定量分析物流行业的技术效率,提高技术效率值。不同学者采用不同的方法考量物流效率,主要包括DEA和SFA两种方法。很多学者采用DEA及改进DEA对物流效率进行分析,并用Tobit回归模型分析效率与影响因素之间的关系。张竟轶和张竟成运用三阶段DEA对2010—2014年我国31个省(市)物流业效率进行测评,指出目前我国总体物流水平相对较高,处于规模效率递增阶段,但物流经营管理水平与物流发展不协调[20]。戢晓峰和刘丁硕运用产出导向的DEA对我国36个主要城市物流产业效率进行测算,得出主要城市的物流产业效率存在着较为明显的地域差异[21]。龚雪利用DEA-Malmquist指数模型对2007—2016年我国中部六省的物流效率进行了分析和评价,结果表明中部六省的物流效率整体水平一般,不同省份物流效率差距较大,物流业全要素生产率变动主要源自技术进步,技术效率对物流效率的影响并不显著[22]。

同时,也有不少学者采用SFA方法对区域物流效率进行测评,分析影响因素与效率之间的关系。郭举和刘俊华运用SFA分析了2007—2016年我国物流业的效率,得出我国物流业效率总体上有一定提升,但与发达国家相比仍比较落后,国内生产总值的提高未能显著提高物流业效率[23]。田刚和李南运用外生性影响因素与SFA联合估计的方法对1991—2007年我国29个省级地区物流业技术效率进行了测算,得出我国物流业技术效率仍处于较低水平,地区间存在差异,且在扩大;中部的发展势头和发展速度明显低于东部,也低于西部,改善物流环境对促进地区协调发展有重要意义[24]。与之类似,汪旭晖和文静怡运用SFA对2003—2011年我国23个省、市、自治区的农产品物流效率进行对比分析,得出2003—2011年我国农产品物流技术效率基本处于停滞状态,中部地区物流业效率水平相对最高,东部次之,西部最低,提出完善物流行业基础工作,加大物流技术创新力度,加快行业转型步伐的政策建议[25]。徐良培和李淑华运用SFA对我国2000—2011年30个省、市、自治区农产品物流的技术效率进行测算,分析了外生性环境因素对其影响的差异及全要素生产效率变化的根源,指出我国及各地区农产品物流技术效率均处于较低水平且存在显著的地区差异,外生性环境因素对农产品物流效率具有正向影响[26]。基于此,刘瑞娟等运用SFA对2005—2015年"丝绸之路经济带"西北五省区的物流产业效率进行测算,并运用空间面板计量方法实证检验交通基础设施对物流产业效率的空间溢出效应,得出西北五省区的物流产业效率存在差异但整体效率在不断提高,邻省和本省交通基础设施水平都对本省的物流产业效率具有显著的正向影响[27]。郑秀娟运用技术效率改进的SFA对不同时序产业部类发展技术效率进行分析,并验证了物流业技术效率增进的时空差异[28]。

测算物流业效率大多采用DEA和SFA,但DEA不考虑随机误差的存在,所以在实际分析中可能会因为随机误差的存在而导致结果偏差,并且DEA难以检验回归结果总体的显著性,无法直接对物流业效率的影响因素进行分析。SFA优于DEA之处在于它考虑随机误差的存在对结果造成的影响,提前确定生产函数形式再考察企业的生产过程,可以提高计算技术效率的准确性,还可以分析效率与影响因素之间的相关性。本章采用SFA,通过收集2013—2017年我国80家物流上市公司的相关数据,关注不同年份、不同行业、不同区域物流上市公司的技术效率值,并对影响因素进行定量分析。

3.2 物流业效率分析模型构建

3.2.1 SFA方法介绍

SFA方法中,预先设定生产函数和变量之间的关系。同时,在计算技术效率时考虑随机误差的影响,SFA中有三种函数:成本函数、利润函数和交替利润函数,可以用来测量企业的成本效率和技术效率[29]。

Battese和Coelli提出一种可以同时计算随机前沿生产函数和技术效率函数的方法,此方法可以在分析影响技术效率的因素的同时保证结果的无偏性和有效性,非常适合分析面板数据[30]。

具体而言,Battese与Coelli的模型假设为

$$Y_{it}=f(\chi_{it},\beta)+(V_{it}-U_{it}) \tag{3.1}$$

其中Y_{it}代表厂商i在时间t的产出;$f(\bullet)$是与之相对应的向量生产函数;χ_{it}是投入向量;V_{it}是模型的随机扰动项,服从$N(0,\sigma_v^2)$的独立同分布;U_{it}是用来解释技术无效率项,并且服从$N(m_{it},\sigma_u^2)$的分布,其在0点处截断,上式中的$m_{it}=z_{it}\delta$,z_{it}是影响公司效率的一个$p\times 1$向量,δ是待估计参数。

本章的投入要素选用劳动投入和资本投入,并且将管理作为自变量的一部分引入到生产函数中,本章建立的随机前沿生产函数模型设定如下:

$$\ln Y_{it}=\beta_0+\beta_1\ln L_{it}+\beta_2\ln K_{it}+\beta_3\ln M_{it}+\varepsilon_{it} \tag{3.2}$$

其中Y_{it}表示第i家公司第t年主营业务收入;L_{it}表示第i家公司第t年员工人数;K_{it}表示第i家公司第t年的资本投入;M_{it}为第i家公司第t年的管理要素投入;β_0为待估常数项;β_1、β_2和β_3分别代表着劳动力、资本和管理要素投入的产出弹性;ε_{it}表示随机误差项,相当于公式(3.1)中的$V_{it}-U_{it}$,公式(3.2)中的V_{it}具体到实际中是指外部天气、地理条件等一些不可控因素造成的统计误差,U_{it}则用来反映第i家公司第t年的技术效率水平。

$$TE_{it}=\exp(-U_{it}) \tag{3.3}$$

公式(3.3)表示第i家公司在第t年的技术效率,当$U_{it}=0$时,$TE_{it}=1$,表示技术有效,反之为技术无效。

3.2.2 生产函数分析

1. 投入与产出变量

将生产函数投入要素的设定和本章目的相结合,参考已有文献,进行总结,见表3.1。

表3.1 投入、产出变量相关文献

文献	投入变量	产出变量
中国上市物流公司动态绩效评价及对策[31]	职工人数、固定资产净额、主营业成本、管理费用	净利润、主营业收入
基于AHP/OEA模型的上市物流公司绩效评价[32]	职工人数、总资产、主营业成本、行业相对竞争力	净利润、主营业收入
我国物流上市公司运营效率的实证研究[33]	固定资产、主营业务成本（不包含工资）、职工工资总额	主营业收入
广东物流效率影响因素实证研究[34]	固定资产投资总额、从业人员、路网里程长度	物流产业、货运量、货物周转量

从投入角度来讲,员工可以被看作是一个企业获得利润的创造者,也是最具活力的价值创造源泉;总资产包括公司拥有或可控制的所有可以带来经济利益的资产,是影响物流公司盈利能力的重要因素;管理费用是指企业行政管理部门为组织管理生产经营活动所发生的各项费用,企业管理费用的多少可以量化企业管理层的管理水平。从产出角度分析,主营业务收入是企业从事本行业生产经营活动所取得的收入,具有发展潜力的上市公司必须有明确的主营业务收入作为支撑[35]。因此,本研究选取年末公司员工数、公司总资产、管理费用作为投入指标,将主营业务收入作为产出指标。

2. 影响因素变量

本研究的主要目的是计算企业技术效率,以此来分析物流发展水平。根据现有研究成果,艾小辉发现企业的规模、员工素质水平等对效率有显著的正相关影响,企业资产负债率与效率有显著负相关关系[36];陈治国等人证明,劳动力成本、购买力水平、教育投入、基础设施建设水平等均对三大产业有促进效应[37],具体见表3.2。

表 3.2 影响因素相关文献

文献	影响因素
广东物流效率影响因素实证研究[34]	经济发展水平、城镇化水平、区位优势、信息化水平、劳动者素质、物流资源利用率
基于 DEA 的第三方物流产业效率研究[36]	企业的规模、所有权比例、市场结构、独立董事占董事会比例、高学历员工比例、资产负债率
物流业的产业影响效应及其政策启示：基于全国35个大中城市面板数据的实证研究[37]	劳动力成本、通勤成本、购买力水平、人口密度、城市化水平、教育投入力度、基础设施建设水平、外贸依存度、地方政府竞争度、地方政府规模

结合上述文献和数据的可获得性，对影响技术效率的因素选择如下：① 高管人数占员工人数的比例；② 固定资产占总资产的比重；③ 管理费用占总成本的比例；④ 所有者权益占总资产的比重。

3. 生产函数构建

查阅中国证券监督管理委员会(CSRC)发布的《2017年4季度上市公司行业分类》可知，"交通运输、仓储和邮政业(G)"下所有企业共有96家。由于本研究关注的是2013—2017年物流企业的情况，再对这96家企业进行筛选，根据指标数据的可获得性，将数据不齐的企业剔除，因此本研究共选取80家企业作为样本进行分析。另外，本研究按企业注册地，将80家企业分为东部、中部、西部三个区域。其中东部51家企业，西部8家企业，中部21家企业，绝大多数物流公司集中于经济相对发达的东部地区；本研究选用的投入指标数据来源于国泰安数据库导出的财务报表。

表3.3描述了2013—2017年不同区域物流企业的数据特征。数据表明，在产出方面，东部地区物流企业与收入相关的四个指标均明显高于中部和西部地区，但其对应的标准差也是最大的，说明企业在发展迅速的同时也存在不稳定的现象。就投入而言，中部地区企业的就业人数明显高于西部企业，略低于东部地区；但是东部地区企业的管理费用和总资产是远高于中西部地区的。

表3.3 2013—2017年不同区域物流企业投入产出指标数据统计性描述

区域	指标	营业总收入(万元)	管理费用(万元)	员工人数(人)	总资产(万元)
东部	平均值	1435075.01	62498.56	11590.90	3308541.18
	标准差	2640587.47	111325.27	21279.19	5332590.06
	最小值	15026.57	1083.38	19.00	53823.43
	最大值	12748900.00	734991.71	136432.00	23571781.60

续表

区域	指标	营业总收入(万元)	管理费用(万元)	员工人数(人)	总资产(万元)
西部	平均值	245601.25	13144.95	1988.45	964022.08
	标准差	266996.81	7711.69	1555.73	915411.57
	最小值	838.60	618.92	38.00	27595.44
	最大值	960770.09	26368.07	5091.00	3637937.75
中部	平均值	598314.44	25366.15	7778.98	1673498.96
	标准差	1097946.10	47214.34	21000.50	2484462.77
	最小值	18288.00	4093.06	460.00	51333.32
	最大值	5563649.94	373475.53	102840.00	12768651.31
所有样本	平均值	1096477.98	47815.94	9630.03	2644890.69
	标准差	2283343.88	71296.74	16883.51	4644359.11
	最小值	838.60	618.92	19.00	27595.44
	最大值	12748900.00	734991.71	136432.00	23571781.60

SFA较为常用的生产函数有柯布-道格拉斯函数和超越对数生产函数。柯布-道格拉斯函数的特点是形式简洁、易于理解，但它预先假定技术中性和产出弹性是固定的。而超越对数生产函数不仅考虑了前沿技术进步和投入要素对生产率的相互作用，还考虑了投入要素之间的替代效应[38]。因此本研究使用超越对数生产函数来构建随机前沿生产的模型，如下：

$$\ln Q_{it} = \beta_0 + \sum_{n=1}^{N} \beta_n \ln X_{nit} + \frac{1}{2} \sum_{n=1}^{N} \sum_{j=1}^{N} \beta_{nj} \ln X_{nit} \ln X_{jit} \\ + \sum_{j=1}^{N} \beta_{tn} t \ln X_{nit} + \beta_t t + \frac{1}{2} \beta_{tt} t^2 + V_{it} - U_{it} \tag{3.4}$$

其中，X表示投入要素的组合，分别为员工人数、公司总资产、管理费用；β是待估计变量的系数；U_{it}用来解释技术无效率项，并且服从$N(m_{it}, \sigma_u^2)$的分布；m_{it}代表技术无效率项的大小，m_{it}越大则技术无效率项就越大。

$$m_{it} = \delta_0 + \delta_1 P_{it} + \delta_2 G_{it} + \delta_3 F_{it} + \delta_4 S_{it} \tag{3.5}$$

公式(3.5)中，P_{it}为高管人数的比例；G_{it}为固定资产占总资产的比重；F_{it}为管理费用占总成本的比重；S_{it}为所有者权益的比重；δ_0为常数项，δ_1—δ_4表示影响因素的参数，可以反映对技术效率的影响方向和影响程度。

3.3 物流业效率结果分析

3.3.1 SFA模型参数回归结果

采用SFA模型,根据生产函数模型,应用Froniter 4.1计量软件,对80所上市公司2013—2017年的投入、产出数据进行测算,结果如表3.4所示。

表3.4 SFA模型参数回归结果

待估参数	变量系数	标准差	t检验值(标准值)
常数项1	6.3322***	1.5179	4.1717(2.58)
$\ln a$	0.8426***	0.2652	3.1765(2.58)
$\ln b$	−0.3153	0.2038	−1.5473(1.64)
$\ln c$	0.0678	0.2670	0.2538(1.64)
t	−0.1294	0.1365	−0.9483(1.64)
δ^2	0.1071***	0.0073	14.6403(2.58)
γ	0.9751***	0.0354	27.523(2.58)
样本数		400	
单边LR检验值		530.0085	

注:* 表示显著水平为10%,** 表示显著水平为5%,*** 表示显著水平为1%;a、b、c分别代表管理费用、员工人数、总资产。

由表3.4知,似然比检验统计量LR估计值为530.0085,并且$\gamma=0.9751$,非常接近于1,说明对随机误差项而言有97.51%受到技术非效率的影响,仅有2.49%来源于环境条件、统计误差等无法控制的因素,因此可以认为设定的模型较为理想。

从表3.4中还能得知,在生产函数部分,管理费用、总资产对企业产出均具有正向影响,相比较而言管理费用的产出弹性更高,约是总资产投入产出弹性的12倍,其t值为3.1765,大于2.58,表明管理费用作为投入要素对产出的回归影响较大。

员工人数的变量系数为−0.3153,表明该投入对企业的产出有一定的负向影响,即企业员工人数不是越多越好,应当大力提高员工素养,精简企业结构。

总资产的变量系数为0.0678,说明总资产对产出的影响虽然没有管理费用显著,但仍是不可忽视的一个变量。

3.3.2 总体技术效率值分析

根据软件统计分析的结果,将80家物流企业近五年的平均技术效率值绘制成折线图,如图3.1所示。

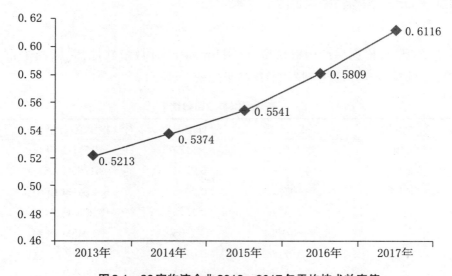

图3.1　80家物流企业2013—2017年平均技术效率值

由图3.1可知,2013—2017年,这80家企业的平均技术效率值逐年递增,表明企业对现有资源的有效利用能力越来越强。发生明显增长的时期是2016—2017年,也是从该时期起我国开始从政府层面出台相关文件并重视各省市物流业的发展,这些都促进了物流业的发展。

通过相关公式运算可知,这80家物流企业近五年的平均技术效率值只有0.5443,这和理论上最优效率值1相差很多,从侧面表明我国物流业的技术效率值水平整体并不高,行业的效率仍有很大的提高空间。

3.3.3 分区域数据分析

查阅80家物流上市公司的注册地,并将其按行政区域划分成东部、西部、中部三个区域。2013—2017年不同区域公司的平均技术效率值见表3.5。在东部、西部、中部三大区域中,位于东部的企业平均技术效率值为0.5616,这个值高于中部和西部地区的物流企业,位于西部的物流企业平均技术效率值最低,为0.4835。这与我国区域经济发展的基本情况相吻合。

表 3.5　2013—2017 年 80 家物流企业分区域技术效率值

区域	2013 年	2014 年	2015 年	2016 年	2017 年	均值
东部地区	0.5222	0.5382	0.5535	0.5791	0.6147	0.5616
西部地区	0.4640	0.4586	0.5113	0.4686	0.5149	0.4835
中部地区	0.4957	0.5015	0.5098	0.5419	0.5804	0.5258

注：不同区域上市物流公司的平均技术效率值为算术平均值。

3.3.4　分行业数据分析

根据 CSRC 发布的《2017 年 4 季度上市公司行业分类》，将 80 家物流上市公司分为七大类：铁路运输业、道路运输业、水上运输业、航空运输业、装卸搬运和其他运输代理业、仓储业、邮政业。各行业的技术效率分析如下。

1. 铁路运输业的技术效率

铁路运输业一共有四家企业，根据运算结果可知其技术效率，见表 3.6。

表 3.6　铁路运输业的技术效率值

股票代码	公司名称	2013 年	2014 年	2015 年	2016 年	2017 年	均值
000557	西部创业	0.1559	0.1568	0.2726	0.2375	0.2544	0.2155
600125	铁龙物流	0.3792	0.4609	0.4956	0.5029	0.6446	0.4967
601006	大秦铁路	0.8868	0.8766	0.9499	0.9130	0.9513	0.9155
601333	广深铁路	0.7766	0.7605	0.7947	0.8128	0.8239	0.7937
	均值	0.5496	0.5637	0.6282	0.6166	0.6686	0.6053

由表 3.6 可知，西部创业和铁龙物流的技术效率逐年稳定增长，大秦铁路和广深铁路的技术效率值都出现了先降后涨的波动。大秦铁路在这四家企业中技术效率值最高，相比其他企业来说发展最好。而观察平均效率值发现，大秦铁路虽总体上处于上升趋势，但是在 2016 年发生了小幅度波动，不过随后又得到了恢复，并且持续增长。

2. 道路运输业的技术效率

道路运输业一共有 30 家企业，根据运算结果可知其技术效率，见表 3.7。

表 3.7　道路运输业的技术效率值

股票代码	公司名称	2013 年	2014 年	2015 年	2016 年	2017 年	均值
601188	龙江交通	0.1779	0.1782	0.1950	0.2103	0.2515	0.2026

续表

股票代码	公司名称	2013年	2014年	2015年	2016年	2017年	均值
600119	长江投资	0.1727	0.1641	0.2243	0.2629	0.2363	0.2121
000088	盐田港	0.1974	0.2363	0.2677	0.2756	0.3124	0.2579
000828	东莞控股	0.2027	0.2401	0.3106	0.3200	0.3537	0.2854
600650	锦江投资	0.2765	0.3012	0.3261	0.3133	0.3041	0.3042
002682	龙洲股份	0.2664	0.2851	0.3316	0.3515	0.4939	0.3457
600035	楚天高速	0.3736	0.3195	0.3226	0.3332	0.4391	0.3576
002357	富临运业	0.2421	0.2465	0.4760	0.4540	0.5230	0.3883
600611	大众交通	0.4168	0.4102	0.4405	0.4844	0.5044	0.4513
600368	五洲交通	0.5676	0.4956	0.4493	0.3728	0.3819	0.4535
000429	粤高速A	0.4218	0.4215	0.4205	0.4986	0.5095	0.4544
002627	宜昌交运	0.4030	0.4214	0.4391	0.4789	0.5430	0.4571
000548	湖南投资	0.4599	0.4579	0.4625	0.4937	0.5332	0.4814
600033	福建高速	0.4945	0.4903	0.4856	0.4816	0.4780	0.4860
000885	城发环境	0.4997	0.5113	0.4818	0.4902	0.5502	0.5066
600012	皖通高速	0.4996	0.4423	0.5317	0.5316	0.5890	0.5189
601518	吉林高速	0.5090	0.5101	0.5552	0.5700	0.5777	0.5444
600662	强生控股	0.4896	0.5022	0.5180	0.5275	0.6882	0.5451
000755	山西路桥	0.5198	0.5020	0.5420	0.5407	0.5426	0.5494
600834	申通地铁	0.5113	0.5290	0.5457	0.5359	0.6570	0.5558
600548	深高速	0.5310	0.5458	0.5558	0.5859	0.5912	0.5620
600561	江西长运	0.5059	0.5170	0.5538	0.6155	0.6566	0.5698
600020	中原高速	0.5486	0.5702	0.5819	0.5672	0.6093	0.5754
600269	赣粤高速	0.5671	0.5735	0.6101	0.5864	0.5814	0.5837
000900	现代投资	0.4656	0.5533	0.6182	0.6907	0.7121	0.6080
600106	重庆路桥	0.5207	0.5363	0.5777	0.6566	0.7528	0.6088
600350	山东高速	0.6136	0.6196	0.6310	0.6619	0.6321	0.6316
600676	交运股份	0.6453	0.6582	0.6358	0.6474	0.6585	0.6491
600377	宁沪高速	0.5978	0.6098	0.6728	0.6802	0.6950	0.6511
601107	四川成渝	0.6419	0.6720	0.6998	0.6719	0.6667	0.6704
均值		0.4446	0.4507	0.4821	0.4964	0.5375	0.4823

从表3.7来看,仅五洲交通的技术效率值出现明显下滑,其余公司技术效率值保持平稳或者呈现小幅度增长。龙江交通、长江投资、盐田港这三家公司的技术效率值虽然有所提高,但相比于其他公司,仍有较大的进步空间。高速公路企业的技术效率值较高,企业之间的差距不是很大,如山东高速、赣粤高速、宁沪高速、深高速的技术效率值处于领

先地位。吉林高速、中原高速、福建高速、粤高速A的技术效率值相对来说略低一些。仅楚天高速的技术效率值相比其他高速企业来说较低，但和其他公路运输公司进行比较的话，处于中等地位。总的来说，我国公路运输业的平均技术效率值逐年增长，发展态势越来越好。

3. 水上运输业的技术效率

水上运输业一共有26家企业，根据运算结果可知其技术效率，见表3.8。

表3.8 水上运输业的技术效率值

股票代码	公司名称	2013年	2014年	2015年	2016年	2017年	均值
600017	日照港	0.5534	0.5679	0.5532	0.5540	0.5710	0.5599
000507	珠海港	0.2278	0.3199	0.3269	0.3186	0.3276	0.3042
000520	长航凤凰	0.4954	0.5403	0.5757	0.5949	0.6251	0.5663
000582	北部湾港	0.4588	0.4876	0.4866	0.4872	0.5023	0.4845
000905	厦门港务	0.4997	0.5143	0.5090	0.5904	0.6892	0.5605
002040	南京港	0.3328	0.3360	0.4281	0.4454	0.5340	0.4153
002320	海峡股份	0.4853	0.5334	0.5245	0.6632	0.5346	0.5482
601919	中远海控	0.8277	0.8656	0.8236	0.9399	0.9647	0.8843
603167	渤海轮渡	0.1297	0.1669	0.1597	0.1754	0.2199	0.1703
601866	中远海发	0.9188	0.9251	0.9008	0.6310	0.6244	0.8000
601872	招商轮船	0.4728	0.5255	0.6251	0.6225	0.6231	0.5738
601880	大连港	0.6450	0.6648	0.6830	0.7499	0.7761	0.7038
601000	唐山港	0.5529	0.5787	0.5842	0.6054	0.6570	0.5956
601008	连云港	0.3641	0.3711	0.3514	0.3497	0.3547	0.3582
601018	宁波港	0.6964	0.7198	0.7548	0.7226	0.7356	0.7258
600279	重庆港九	0.5380	0.5577	0.5878	0.3058	0.4867	0.4952
600317	营口港	0.5243	0.5380	0.5265	0.5240	0.5279	0.5281
600017	日照港	0.5534	0.5679	0.5532	0.5540	0.5710	0.5599
600018	上港集团	0.7632	0.7600	0.7511	0.7314	0.7350	0.7481
600428	中远海特	0.6431	0.6557	0.6358	0.6163	0.6322	0.6366
600026	中远海能	0.7076	0.6993	0.7157	0.7265	0.6689	0.7036
600717	天津港	0.7863	0.8713	0.7600	0.7252	0.7316	0.7748
600798	宁波海运	0.2257	0.2159	0.2492	0.2463	0.2712	0.2417

股票代码	公司名称	2013年	2014年	2015年	2016年	2017年	均值
600190	锦州港	0.4014	0.4297	0.4049	0.4299	0.5366	0.4405
600692	亚通股份	0.2169	0.2355	0.3621	0.3905	0.4807	0.3371
600575	皖江物流	0.8905	0.7666	0.4267	0.6305	0.6693	0.6767
	均值	0.5350	0.5544	0.5485	0.5512	0.5789	0.5536

由表3.8可知，中远海控、中远海发、上港集团、天津港这四家企业的技术效率值相比其他物流上市公司一直处于较高水准，而渤海轮渡、宁波海运这两家企业的技术效率值排名处于最后。绝大多数企业这五年来技术效率值偶有降低，但整体上处于增长态势，只有中远海发、连云港、上港集团、皖江物流这四家企业的技术效率值总体处于下降的趋势，而天津港、中远海特、中远海能、重庆港九这些企业的技术效率值处于波动状态，但是下降的程度远大于技术效率值增长的幅度。分析平均技术效率值可知，这26家企业五年来的平均技术效率值一直在0.55左右浮动，略有起伏，但是仍处于一个稳定状态。

4. 航空运输业的技术效率

航空运输业一共有九家企业，根据运算结果可知其技术效率，见表3.9。

表3.9 航空运输业的技术效率值

股票代码	公司名称	2013年	2014年	2015年	2016年	2017年	均值
000099	中信海直	0.2353	0.2650	0.2753	0.2543	0.2935	0.2647
200152	山航B	0.6816	0.6890	0.7069	0.7373	0.7795	0.7188
600004	白云机场	0.5668	0.5847	0.5919	0.6168	0.6386	0.5998
600009	上海机场	0.5879	0.6099	0.6252	0.6425	0.6676	0.6266
600029	南方航空	0.9823	0.9854	0.9868	0.9860	0.9883	0.9858
600115	东方航空	0.9788	0.9768	0.9661	0.9660	0.9600	0.9695
600221	海航控股	0.8363	0.8455	0.8280	0.8276	0.8625	0.8400
600897	厦门空港	0.5471	0.5928	0.5818	0.6587	0.6619	0.6085
601111	中国国航	0.9665	0.9746	0.9706	0.9738	0.9762	0.9723
	均值	0.7092	0.7248	0.7259	0.7403	0.7587	0.7318

由表3.9可知，南方航空、东方航空、中国国航这三家航空公司的技术效率最优，中信海直的技术效率最差。中信海直、山航B、白云机场、上海机场这四家航空公司的技术效率值逐年增长，其余五家航空公司的技术效率值略有波动，但总体处于上升态势。航空

运输业的平均效率值一直保持小幅增长,表明我国航空运输业的效率越来越高。

5. 装卸搬运和其他运输代理业的技术效率

装卸搬运和其他运输代理业一共有三家企业,根据运算结果可知其技术效率,见表3.10。

表3.10　装卸搬运和其他运输代理业的技术效率值

股票代码	公司名称	2013年	2014年	2015年	2016年	2017年	均值
002245	澳洋顺昌	0.2967	0.3663	0.3932	0.4900	0.6270	0.4346
600179	安通控股	0.5927	0.6623	0.5463	0.5004	0.5458	0.5695
603128	华贸物流	0.5420	0.5950	0.5998	0.6249	0.6836	0.6091
均值		0.4771	0.5412	0.5131	0.5384	0.6188	0.5377

由表3.10可知,澳洋顺昌、华贸物流这两家企业的技术效率值逐年提高。相比来看,澳洋顺昌这五年来发展更为迅速,涨幅惊人;但华贸物流的技术效率值仍处于榜首。安通控股的技术效率值总体上在下降,近年来发展不尽如人意。不过,该行业总体的平均技术效率仍在增长,说明行业仍在进步。

6. 仓储业的技术效率

仓储业一共有六家企业,根据运算结果可知其技术效率,见表3.11。

表3.11　仓储业的技术效率值

股票代码	公司名称	2013年	2014年	2015年	2016年	2017年	均值
002492	恒基达鑫	0.3920	0.3472	0.4293	0.4145	0.5447	0.4255
002711	欧浦智网	0.2800	0.3081	0.4630	0.4676	0.4898	0.4017
300013	新宁物流	0.4259	0.4918	0.5402	0.6176	0.6573	0.5466
300240	飞力达	0.2921	0.3132	0.3017	0.3220	0.3259	0.3110
600787	中储股份	0.8633	0.8215	0.7990	0.7834	0.8728	0.8280
600794	保税科技	0.5873	0.5165	0.5406	0.5629	0.5518	0.5518
均值		0.4734	0.4664	0.5123	0.5280	0.5737	0.5108

由表3.11可知,只有欧浦智网、新宁物流这两家公司的技术效率值始终保持上升趋势,其余四家公司的技术效率值偶有回落,但总体上有小幅增长。该行业总体平均技术效率还是在增长的,说明行业仍在进步。

7. 邮政业的技术效率

邮政业一共有三家企业,根据运算结果可知其技术效率,见表3.12。

表3.12 邮政业的技术效率值

股票代码	公司名称	2013年	2014年	2015年	2016年	2017年	均值
002352	顺丰控股	0.4136	0.4834	0.5334	0.9309	0.9408	0.6604
002468	申通快递	0.4676	0.4880	0.5760	0.6267	0.6917	0.5700
002120	韵达股份	0.0329	0.0342	0.0624	0.6095	0.6895	0.3257
	均值	0.3047	0.3352	0.3906	0.7224	0.7740	0.5054

由表3.12可知,这三家公司的技术效率值一直处于上升趋势,表明我国邮政业发展的形势也越来越好。

总体来说,分析这七种不同类型物流企业的平均技术效率值,航空运输企业的平均技术效率值最优,其次是铁路运输企业,平均效率值最低的为铁路运输企业。其余类型企业的平均技术相差不多,因为各个类型的企业数不同,均值又容易受到极端值影响,因此本研究得出的结论为:不同物流企业的技术效率值都是逐年递增的,虽然偶有微弱降幅,但总体上都在上升,这也表明了我国物流业的发展前景是不可估量的。

3.3.5 影响因素分析

对影响因素进行分析,并对其回归结果进行整理后得到表3.13所示的结果。

表3.13 影响因素回归结果

待估参数	变量系数	标准差	t检验值(标准值)
δ_0	1.5245***	0.2022	7.5388(2.58)
$\delta_1(P)$	−9.6886***	0.5269	−18.3893(2.58)
$\delta_2(G)$	0.3681***	0.0758	4.8566(2.58)
$\delta_3(F)$	6.8347***	0.2028	33.7007(2.58)
$\delta_4(S)$	−0.0491	0.0422	−1.1613(1.64)
δ^2	0.1071***	0.0073	14.6403(2.58)

注:* 表示显著水平为10%,** 表示显著水平为5%,*** 表示显著水平为1%。

表3.13中,δ_0为常数项,$\delta_1(P)$为高管人数占员工总数的比重,$\delta_2(G)$为固定资产占总资产的比重,$\delta_3(F)$为管理费用占总成本的比例,$\delta_4(S)$为所有者权益占总资产的

比重。

因为高管数比例的变量系数为-9.6886,且在1%水平下显著,说明回归关系显著,同时表明高管数比例对于企业技术效率的变动有正向影响。

固定资产占比的变量系数为0.3681,表现出负面影响但不显著。由表3.13数据推测,出现这种情况是因为目前大多数企业的固定资产投入已处于边际报酬递减阶段,企业不应盲目投入,应根据实际情况选择是否继续进行固定资产的投资与建设。

管理费用占总成本比重的变量系数为6.8347,且在1%水平下显著,说明管理费用与企业技术效率有显著的负相关关系,即投入的管理费用越多,相应企业的技术效率值就会越低。

所有者权益占比的变量系数为-0.0491,对技术效率值有正面影响但不显著,所有者权益比重的增加会促进企业技术效率值的提高。

3.4 总结与展望

本研究使用SFA对2013—2017年我国80家物流上市公司的技术效率值以及不同区域、不同行业的平均技术效率值进行对比分析,得到以下主要结论:

2013—2017年我国80家物流上市公司的总体技术效率值较低,均值为0.5443。固定资产占企业总资产的比例、高管数量与员工总人数的比例这两个因素将正向拉动企业技术效率的增长,而所有者权益的占比、管理费用占总成本的大小和技术效率值呈反向关系,是阻碍技术效率值提高的因素。

从技术效率的大小来看,位于我国东部的物流企业平均技术效率值高于位于中部和西部地区企业,不同类型企业的平均技术效率值近五年总体上是小幅度增长的。

根据技术效率与影响因素的相关性,现提出以下建议:

(1)提高人力资源水平。物流业应更重视提高人力资源所能带来的产出,注重提高员工素质,加强行业发展过程中所需的智力支持[39]。首先,尽可能与高等院校合作,为物流企业输送理论知识丰富又有实践经验的专业人才;其次,可以考虑雇佣从国外学成归来的人才。当然,也要留住行业已有的优秀员工。

(2)物流企业资产重组,减少负债。根据本研究对影响因素的分析,在此建议行业内企业减少负债比例,减少企业面临的风险,增强所有者的信心,齐力推动物流业的发展,同时企业应根据自身情况适当对固定资产进行投资。

(3)减少管理费用的投入。通过对影响因素分析可知,管理费用投入的增加并不能提高行业的技术效率值,因为目前物流行业管理混乱、整体效率不高。单纯增加对管理费用的投入并不能从根本上解决问题,企业应重视管理人员素质的提高,合理分配人力成本。

(4)根据企业情况减少固定资产投资。分析发现,固定资产占总资产的比重过大会阻碍技术效率提高,而物流业又是重资产行业,需要固定资产的投入。因此为了提高物流业整体效率,行业内的企业应对自身情况进行考量,不建议一些大型物流企业在固定资产方面进行投资,因为这不利于企业的发展。而对于一些中小型企业来说,可以根据企业发展情况适当增加固定资产的投入,优化企业的资产组成结构。

本研究结论可在以下方面进一步拓展与延伸:

(1)本研究仅选取我国80个物流上市公司的相关数据,分析了不同年份、不同区域、不同行业物流效率,虽然有一定的代表性,但还不能完整反映出我国不同区域、不同行业物流效率,数据的全面性方面有待补充。

(2)本研究分析了我国80个物流上市公司五年间物流效率的水平及变迁过程,但仅分析了物流效率受到高管人数占员工人数的比例、固定资产占总资产的比重、管理费用占总成本的比例、所有者权益占总资产的比重这四个因素的影响,并没有进一步分析这四个因素分别对物流效率的影响是否存在门槛效应。将来可以考虑,首先对各个影响因素分别进行门槛效应存在性检验,接下来运用格点搜寻法确定各影响因素的门槛值,最后进行门槛参数估计。

第4章 智慧物流仓配装一体化产品的生产、仓储与配送

为了提高效率,实现降本增效,目前,物流业越来越多采用仓配装一体化策略,如仓配装一体化集成平台等。仓配装一体化产品是指企业为客户提供一站式仓储、配送和安装服务的一种新型产品,其正逐渐成为全新的消费趋势。家居产品即为一种常见的仓配装一体化产品,如空调、冰箱、电视、沙发、床垫、电视柜等。而如何为这类产品设计合理的生产计划、仓储策略以及安装配送服务,既是企业关注的热点,也是整个家居行业不可忽视的问题。

4.1 仓配装一体化相关问题研究现状

仓配装一体化的相关问题主要包括固定交货时间的产品生产与交付集成问题、仓储系统中产品出入库调度问题以及带约束的技术人员路线选择和调度问题,这些问题的发展及解决情况如下所述。

4.1.1 固定交货时间的产品生产与交付集成问题

为了实现供应链的最佳绩效,将生产与交付这两个供应链中的关键运作功能结合起来,并以协调的方式共同安排它们的活动显得尤为重要[41]。Matsuo[42]在固定交货时间的基础上,考虑有限规划周期,基于单个机器或工作车间环境同时确定加班时间利用率和工作顺序的问题,并在加班时间成本与超期惩罚之间进行权衡。Chand等[43]的主要目标是最小化提前超期惩罚与提前成本之和,为此给出了相应的多项式时间算法。Lee等[44]与Chand等[43]都是在假设固定交货时间是均匀分布的基础上,分析一台机器的调度问题,但与后者相比,前者的主要目标是最小化交货时间处罚与提前成本的加权之和;研究结果指出,在交货时间有限制的情况下,这个问题是强NP-hard的,同时,在该情境下开发

了伪多项式时间动态规划算法。Seddik等[45]分析了不规则出厂日期的单一机器问题,目标是最大化出厂日期前的产品累计生产量,报告了一般问题的计算复杂度,并针对两种不同交货时间的情况开发了伪多项式动态规划算法。Leung等[46]提出集成生产与分销调度问题,其中订单先在单一生产线上进行加工,此后通过有限数量的交通工具将成品交付给顾客。学者为了解决最小化最大延期时间问题、求解以最小化最大延期时间为条件的交通工具数量的最小值或最大延迟和所使用交通工具的加权和的最小值,开发了多项式时间求解算法。也有一些文章提到了基于固定交货时间和交付成本的问题。Stecke等[47]基于均匀分布的固定交货时间与产品截止日期,分析集成生产和交付问题,他们聚焦于两类情况,第一类情况中,订单允许被分解并在任意交货时间进行交付,在这种情况下非抢占式的最早到期日计划是最优的;第二类情况中,订单不允许被分解,学者证明了该问题是NP-hard的并得到了有效的启发式算法。Zhong等[48]根据Stecke等[47]的成果,聚焦第二类情况,分析了订单的交付成本随订单规模呈现线性增长、随交付时间呈现线性下降的供应链问题,并给出了最坏性能比为2的多项式时间启发式算法。Melo等[49]提出了一个能够解决大量现实问题的整数规划模型,该模型可用于求解Stecke等[47]中提到的不可部分交付的问题。在交付时间固定或非固定的情况下,Agnetis等[50,51]考虑协调生产与不同级别间批量交付的调度问题,并试图使产品的交付成本最小,聚焦于问题的计算复杂性给出了多项式和NP-completeness结果。然而,与本次研究的问题相比,上述文章只考虑了交付成本而没有考虑库存成本。Agnetis等[52]考虑了固定交货时间与库存持有成本的一体化调度与批量交付问题,期望找到合理的产品生产与交付计划,减少交付和库存持有成本,经过推导可知,所涉及的问题是NP-hard的,学者针对两种重要情况提供了相应的多项式结果。Li等[53]讨论了几个集成生产、库存以及交付的问题,在客户订单具有预定交货时间窗口的情境下,分析了订单交付可分割与不可分割的情况,目标是制订合理的生产计划、库存计划以及交付计划,进而使库存成本与交付成本之和最小。对于每个问题,他们都通过展示其是NP-hard问题或开发精确算法来探讨问题的计算复杂性。

此外,国内学者也对生产与交付的集成问题进行了深入挖掘。程八一等[54]关注了一类典型的差异分批模式批调度问题,设计集成化的分批、生产、库存和配送方案,来优化企业的供应链调度,目标是生产、库存和配送三阶段的总成本最小,证明了成本最小化问题是强NP-hard问题,然后设计了多项式时间的近似算法。王栓狮等[55]、程八一等[56]分别采用蚁群算法和微粒群算法求解单机批调度问题。程八一等[57]考虑生产—库存—配送三阶段联合调度问题,其中加工设备为容量限定,作业加工完毕后转入产成品库存;配送阶段,车辆的运输能力相同,优化目标为最小化生产—库存—配送总成本,设计一种改进蚁群算法进行求解。冯大光等[58]针对优化一类新型批处理机调度问题,采用了基于动态规划的启发式算法,并证明了启发式算法的误差性能比为2。杜冰等[59]提出了批的约束凝聚聚类算法,实验结果表明,此算法在处理大规模算例的情况下更为有效。

4.1.2 仓储系统中产品出入库调度问题

自20世纪90年代以来,自动化立体仓库系统受到越来越广泛的关注,Roodbergen等[60]、Gagliardi等[61]和Boysen等[62]从不同的角度对现有进展进行了综述分析。Roodbergen等[60]提出可以通过四种控制决策包括存储策略、批处理、堆垛机停顿点策略和出入库调度策略等来有效地提高自动化立体仓库的绩效。本章主要分析出入库调度问题。

Han等[63]指出,自动化立体仓库存取顺序问题类似于旅行商问题。对于动态环境下的存取顺序问题,可以通过两种方法来解决:块调度和动态调度。块调度是指选择一个块,对其中的所有出入库任务进行调度,在此块内的所有作业全部完成后,再进行下一个块调度;而动态调度则是指每次有新的任务加入时,对所有任务重新排序,采用截止日期优先的方式,确保不会过度延迟出库任务。Lee等[64]关注了一种特殊情况,即系统中的任意空位均可作为存货位置使用,学者首先求解一个线性指派模型,然后使用排序算法求解,此算法在空位数量较小时可以找到系统最优解。在Lee等[65]的研究中,根据"先来先服务"(first come first service,FCFS)规则操作入库任务,而通过指派问题的算法优化出库任务顺序。Chen等[66]在考虑每个单元负载的停留持续时间的情形下建立混合整数模型,并构造启发式以及禁忌搜索算法解决此问题。Eynan等[67]提出最近邻域搜索算法并应用于分类存储策略中。Gharehgozli等[68]针对具有两个进出口的自动化立体仓库提出了一种多项式时间的算法解决出入库调度问题,在任务随时间不断出现的动态环境中,可能不总是存在可用于构建双指令的任务对,因此设定存在两种模式,一种是做单命令任务,另一种是选择等待,直到合适的任务到来。Eben-Chaime等[69]考虑了决策何时选择何种模式。还有一些文章考虑了不同的目标函数。Lee等[70]预先假定每个取货任务都有截止时间,考虑到即时因素,他们的目标是最小化过早处理成本和逾期成本的加权总和,并提出了一个混合整数模型以及不同的启发式算法,将问题分解为配对阶段和调度阶段。后一阶段在对第一阶段给定的双命令的循环顺序下操作。基于仿真模拟,Linn等[71]考虑了简单的控制规则,如"先到先服务"和按交付时间的长短排序,并测试不同规则的效率。

以上均假设堆垛机每次只能存取一个负载单元,与之相反,多梭堆垛机可以一次存(或取)多个负载单元,因此,出入库任务的组合更多更复杂。最早的文献来自Meller等[72],学者分析了四倍(双梭)和六倍(三梭)任务,并提出了绩效评估模型。随后Keserla等[73]用基于最小周长的优先规则方法解决双梭立体仓库调度问题。Sarker等[74,75]针对类似的问题提出了基于最近邻的简单启发式方法。Popovic等[76]针对由三梭六重任务提出的三种基于规则的启发式算法和一种遗传算法。Yang等[77]则考虑多梭立体仓库调度问题,建立了混合整数模型并用可变邻域搜索方法求解。对于类似的问题,一个两阶段禁忌搜索方法和遗传算法结合修改最近邻启发法分别在文献[78]和[79]中给出。此外,Tanaka等[80]应用了贪婪启发式和局部搜索方法。目前,ASRS-MIAPP系统被关注得较少,Ramtin等[81]在随机存储策略下,建立了堆垛机行走时间模型,分析不同系统尺寸、不同系统构造(单层多出库位置和双层多出库位置)对系统绩效的影响。Ramtin等[82]考虑了不同需求曲线下货物的存储问题,在假设有无限多的出库位置情况下,建立了连续的数学模型,并与离散事件仿真的结果做对比,发现只有0.1%的差距,验证了此连续模型的有效性。

国内学者对自动化立体仓库的运作绩效问题也有深入涉猎。田国会等[83]考虑自动化立体仓库固定货架系统中出入库策略优化问题,提出了一种新的自适应启发式方法,使用最近点搜索算法获得初始种群的解,然后进行逐步迭代,结果表明算法能在较短的时间里获得很好的解。王雯等[84]提出一种基于层次分析法和遗传算法相结合的出入库调度优化算法,并使用仿真的方式验证了算法的有效性。刘韬等[85]采用面向对象的赋时Petri网分析出入库调度问题,建立了数学模型,并分析了该模型的死锁问题。邓爱民等[86]以医药仓库为例,建立了基于时间的多目标货位优化模型,并使用遗传算法求解模型。李鹏飞等[87]以出入库效率和货架稳定性作为优化目标建立数学模型,采取病毒协同遗传算法进行仿真对比,结果显示此算法能够获得较好的解。靳萌等[88]针对军用维修器材仓库,提出了考虑物资周转率和相关性的货位优化模型,并设计了一套基于Pareto保持和模拟退火的算法,验证了此模型的有效性。刘臣奇等[89]构建了货物拣选路径问题的优化模型,提出了改进的蚁群算法,结果显示该算法相较于基本蚁群算法收敛速度显著提高,具有很好的可行性。常发亮等[90]考虑了周转货箱的容量限制,根据自动化仓库货物拣选的特点建立了数学模型,用遗传算法对该模型进行求解,数值结果表明此算法高效可靠。

4.1.3 带约束的技术人员路线选择和调度问题

车辆路径问题最早在20世纪60年代被Dantzig等[91]在交通领域提出,并引起了社会的广泛关注。问题发展到如今,衍生出很多变种,Laporte[92]、Pillac等[93]、Lin等[94]、Desrochers等[95]从不同的角度对现有结果进行了综述分析。Bredstrom等[96]设计了一个分支定价算法来分析具有同步约束的车辆路径和排班问题。Eveborn等[97]通过一个集合划分模型来阐述带有时间窗的车辆路径问题,应用了重复匹配算法求解问题。Ciré等[98]应用贪婪算法求解主问题和用约束规划求解子问题。

自21世纪以来,技术人员路线选择和调度问题(technician routing and scheduling problem,TRSP)得到广泛的关注,一方面,此问题通过企业在实际生产实践中产生,且具有越来越多的变体;另一方面,此问题复杂性很强,是在运筹学和组合优化领域中一个相对较新且非常具有挑战性的领域。本次研究主要从模型和解法两个方面进行介绍。

从模型的角度来看,不同模型之间的主要差异在于其考虑的不同性质,例如,技术人员的能力(在一定时间范围内允许在工作的小时数)、客户偏好(时间窗口、技术的资格要求)、技术人员是否分组、工作量的平衡等。TRSP最初由Dutot等[99]在电信领域提出。学者主要分析技术人员团队的配置和任务的分配,以便能够匹配技能和资格要求。但是,学者并没有考虑到路径的调度问题。基于Dutot等人的工作,2007年法国运筹学会引入了一项挑战并介绍了TRSP的实际数据集。基于该数据集,Cordeau等[100]开发了一个构造启发式和TRSP的自适应大邻域搜索启发式算法,目标是通过确定团队配置的最佳策略以及任务和团队之间的分配以最小化最大完工时间,同时满足客户对技能要求、优先约束、技术人员可用性和工作日限制等约束条件。

Kovacs等[101]考虑TRSP中的外包选项,即当任务不能及时被我方完成时,可以选择将任务外包给第三方,同时考虑决策路径调度,目标是最小化路径花费成本和外包成本之和。这和本次研究不同的点在于仓库和时间窗口的设置,以及该研究不考虑午休要求。Zamorano等[102]考虑多期TRSP问题,通过决策如何将技术人员分配给团队、将团队分配给客户以及将团队的路径分配以最小化运营成本。与本次研究不同的地方在于,只有单一的仓库和硬时间窗,同时没有考虑午休要求和外包选项。Schrotenboer等[103]考虑多期的海上风电场TRSP问题,目的是确定每个时期的船舶航线和技术人员的选择以最大限度地降低旅行成本,这可以被视为多期多商品提货和交货问题的变体。Chen等[104]考虑家庭服务领域的多期TRSP问题,并考虑随着技术人员经验的积累,生产力也随之提高(或服务时间减少)的性质,技术人员完成请求所需的时间取决于技术人员的经验与任务相关的技能以及技术人员学习的速度(技术人员的学习速率)。然而,他们和本次研究不同的地方在于顾客可以随时被访问(即没有时间窗口),同时,他们没有考虑构建团队、外包选项以及午休要求。

具有午休要求的TRSP在文献中受到的关注较少。Bostel等[105]利用滚动时域的方法考虑了多期TRSP问题,他们考虑任务可以由多个技术人员执行,每位技术人员的起点和终点不同,考虑最大班次长度和午休要求的约束,目标是最小化路径花费成本。与本次研究的问题相比,他们只考虑了同起点的技术人员,也只有部分任务受制于时间窗口,此外,他们不涉及外包选择和构建团队的决策。Shao等[106]解决了针对治疗师的多期TRSP问题,当换班的时间长度大于预先制定的时间长度时,则考虑时间窗和午休要求。通过在一周内为患者分配治疗师,同时为每位治疗师建立每日路线以最大限度地减少治疗费用、里程成本、加班费的总和。但是,他们的分析只涉及一个仓库,所有患者都必须得到服务,没有考虑构建团队的决策。Trautsamwieser等[107]考虑了在一周内家庭医疗保健路线和日程安排问题,其中考虑到护士的工作时间要求包括休息时间、每天最长工作时间、每日和每周休息时间;当最大连续工作时间超过阈值时,则在患者处进行休息。Liu等[108]考虑了为期一天的家庭医疗路径选择和调度问题,同时考虑了午休要求,在满足技能要求和时间窗口的同时,最小化总旅行和外包成本。其与本次研究针对问题不同的地方在于只有单一仓库和紧时间窗口,并且不考虑构建团队决策。

接下来是求解TRSP或相关问题的解法。分支定价算法[102,105,107-110]通常用于获得最优解。但是由于问题的复杂性,往往只能在中小规模的问题上得到最优解。随着问题规模的不断增大和问题复杂程度的不断提高,求解速度通常变得很慢,甚至无法求出最优解。在这种情况下,启发式算法尤其是可以保证接近全局最优的算法会被广泛采用。经典的启发式算法,如自适应大邻域搜索[100,101,103]、局部搜索[111]、禁忌搜索[112],贪心随机自适应搜索[106,112]以及模拟退火法[113]已经经常应用于TRSP。然而,这些启发式的主要缺点是跨问题实例的解决方案质量的可变性升高,并且没有提供任何标准来评估找到的解决方案的质量,相反,拉格朗日松弛是一种强大的边界技术,可以导出紧密的下界和或帮助构建NP-hard组合优化问题的良好可行解,特别是大型的设施位置问题[114,115]、物流网络设计问题[116,117]、网络收入管理问题[118]、随机整数规划问题[121]等。

技术人员路线选择和调度问题在国内也很受关注。吴斌等[120]针对现场服务调度问题,以降低客户平均不满意度为目标,建立了有时间窗约束的数学模型,由于此问题是NP-hard问题,学者提出基于改进的最廉价插入法与人工蜂群算法结合的方法对该问题进行了优化求解。最后,数值结果显示学者所提出的人工蜂群算法在优化质量和鲁棒性方面相较于贪婪算法的优势更为明显。王庆[121]等主要关注员工任务指派及调度优化问题,设计了一种改进的蚁群算法,既减少蚂蚁数量,又在算法迭代中采用了精英解保留策略,加速算法的收敛。学者进行了多次仿真实验,采用了一种直观的双染色体编码技术,在生成任务序列的同时产生相对应的知识员工序列。数值实验显示,提出的蚁群算法可以在较短的时间内获得和最优解很接近的可行解。郭放等[122]考虑了电动汽车参与的物流配送,目标是最小化运营成本,包括建站成本和车辆行驶成本,学者提出基于禁忌搜索-改进节约算法的两阶段混合启发式算法,数值结果验证了算法的有效性。陶杨懿等[123]针对家庭护理服务,也考虑了类似本章的服务时间窗、医护人员等级和技能等约束,建立以最小化总运营成本的模型,然后学者设计自适应性大规模搜索求解此问题,并与CPLEX求解的结果做对比,发现计算结果稳定且精度高。袁彪等[124]则考虑了随机服务时间下的医疗服务人员调度问题,目标是最小化旅行成本和客户期望迟到惩罚成本,学者先得到期望迟到惩罚成本,并采用分支定价法将原问题分解成一个主问题(集分割问题)和一个定价子问题(最短路问题),数值结果验证所提出算法的有效性。袁彪等所著的《多类型家庭护理人员调度问题研究》[125]也在其原先所著《随机服务时间下的家庭护理人员调度问题研究》[124]的基础上加入了对多类型护理人员约束的考虑,同样地,学者采用了分支定价法进行求解,并比较了单一类型和多类型护理人员在成本上的差异,体现了使用多类型护理人员的优势。

4.2 家居行业的仓配装一体化

当下,家居行业是我国内贸经济领域中重要的组成部分,特别是在近十年我国家居建材流通产业发展迅速的背景下,家具行业在很大程度上影响着国民经济和生活质量。政府作为宏观经济的统筹者,一直大力推动家居建材流通产业的发展,打造开放、稳定、有序的市场体系,促进我国家居建材流通业的升级和发展。如图4.1所示,一方面,2012—2017年家居建材市场的规模稳中有升,从2.63万亿元增长到4.27万亿元;另一方面,市场增长率的增长幅度却在逐年变小,同比增长已下降到0.9%,主要原因是随着我国经济增长放缓,家居行业正在经历高速扩张后的调整期,市场需求由供给不足转变为供给过剩,家居企业面临着供给侧改革带来的巨大生存压力,同时,家居企业之间的竞争也愈发激烈。在此背景下,越来越多的家居企业开始从传统的商业模式向智能制造转型。

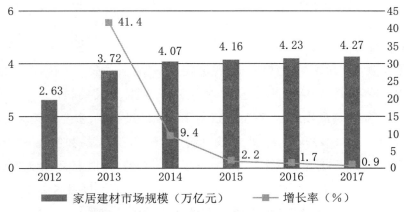

图4.1 2012—2017年中国家居建材市场规模
(数据来源:数据中国建筑装饰协会及亿欧智库预测)

对家居产品来说,从生产到交至客户手中,通常要经过三个重要的环节,分别是生产、仓储(存储和拣选)和配送,如图4.2所示。产品由生产商(即供应商)进行初步加工,随后移交到制造商处进行二次加工。制造商会根据需求点的要求(如要在规定的时间交付)进行选择,如果即将到规定的时间,则制造商直接进行配送,而如果距离规定的日期还有一定的时间,则将产品存储在仓库或配送中心处,并在合适的时间提供配送服务。

为了提高自身竞争力以及减少成本,企业针对这三个环节进行深刻变革,包括从提供成品家居转为提供定制家居产品,从采用落后的人工仓库转为采用先进高效的自动仓,从传统的线下门店自提转为提供送货上门的配送服务等,由此可知,家居企业的供应链和物流发生了极大的变化。

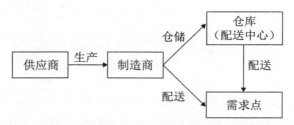

图4.2　仓配装一体化产品的生产、仓储、配送流程

作为家居行业领跑者,A公司借助行业市场环境的较好形势稳定发展,截至2018年6月30日,共经营267家商场,覆盖全国180个城市,以"提升消费者居家生活品位"为己任,同时积极进行转型升级,针对生产、仓储和配送环节采取了一系列举措,旨在降低企业的运营成本。然而,通过对A公司的实地调研,发现其在生产、仓储和配送环节中存在一定的问题。以下将对A公司面临的现状及存在的主要问题进行分析。

(1) 定制家居产品的生产和交付计划较乱

在消费升级的大背景下,顾客对定制化家居的需求呈现上升趋势。目前定制家居产品主要集中在橱柜、沙发、衣柜、儿童房卧室家居等方面。然而,相较于标准的成品家居,定制家居产品对生产和服务的要求都很高。一方面,定制化家居往往需要二次加工,即先在原料供应商处预加工,再交给制造商进行深度加工;另一方面,顾客往往要求企业在特定的时间范围内交付家居。如要销售某款定制沙发,对A公司来说,除了搭建商场销售平台,引入工厂、地区经销商进入进行"现场直销"以外,还需要联合下属的实业公司H家居(其主打产品为真皮沙发)。在生产定制化沙发的过程中,主要流程有木材开料、木架成形、出木加工、皮(布)开料、缝纫、海绵开料、油漆、组装、总检和包装等。在生产计划伊始,H家居会收到来自顾客的订单;接着,H家居的上游(即供应商)会先完成前五个步骤,对沙发部件进行预处理,并将半成品交付给H家居;随后,H家居会对半成品进行深度加工,完成后,会在顾客要求的时间内交付给相应的顾客。然而,时常出现的问题是产品的加工顺序出现错乱,进而导致产品交付的时间违背了顾客的预期,造成生产成本和延误时间成本的极大浪费。综上所述,明确最优的生产和交付计划是A公司(及其下属的H家居)关心的问题。

(2) 自动化仓库的运作效率较低

由于仓配装一体化产品具有体积大、重量大的特点,物流作业的自动化面临着巨大挑战。仓储作为现代物流的一个重要组成部分,在物流系统中起关键作用,同时也是供应链中不可缺少的一环。A公司在全国大部分地区均设置了仓储中心,可以实现对资源的有效控制和管理。同时,A公司还采用了一种新型的仓储技术,即多出口的自动化仓储系统,其最典型的特征是在货架底层有很多个出库位置以供取货人员分拣。目前公司采用的是"先到先服务"的调度策略,即先到的产品会优先被存储和拣出。然而,企业发现使用此策略时工作效率很低,原因是没有充分利用多出口的性质,导致花费的时间成本较高。同时,仓库的出入库效率低下将直接导致顾客无法按时收到购买的产品,给顾客带来较差的消费体验。因此,A公司希望能探寻新的、有效的出入库调度策略,以提高仓库的运作效率。

(3) 配送服务的效率较差

配送服务是A公司重要的主营业务,主要由A公司家居子集团——X物流公司负责运营。X物流公司是集装饰设计、专业施工、主材家居、软装配饰、智能家居、系统设备于一体的一站式装饰装修服务集团,主要提供从设计、施工到主材、家居、软配、智能家居一站式的定制服务。在家居配送的流程上,主要有领取配送任务、预约配送时间、组成配送团队、配送安装、标准交付流程、回单上传、配送完成等步骤。由于不同客户的要求和购买的产品不同,因此往往需要一组具有特定技能的技术人员来完成,例如安装沙发和安装空调需要由不同的技术人员操作。考虑到人力的有限性,如何按照顾客的要求合理地确定团队的组成是A公司当前遇到的问题。另外,由于每个团队在一天内会接收到多个任务要求,在完成任务的同时,也需要综合考虑技术人员的休息需求和客户的任务时间要求,往往需要在12点至13点、18点至19点左右预留一定的时间以让技术人员用餐及休息。如何综合考虑此午休约束,并决策各个团队处理任务的顺序,也是A公司亟待解决的问题。

仓配装一体化产品的生产、仓储与配送问题具有重要的理论与现实意义。在理论方面,目前已有很多国内外学者对生产计划、出入库调度以及配送路线选择和调度问题进行了分析。然而,他们对问题的简化并不符合企业面临的实际问题的特征。首先,在生产环节,学者较少研究考虑产品的超期惩罚成本。然而,对一个企业来说,当其未能按时将货物送至客户手里时,客户会对企业产生负面的情绪,并且有可能将负面情绪传递给身边的亲戚朋友,造成企业声誉的受损,进而导致市场规模的缩减,因此,考虑产品的超期惩罚成本十分有必要。本章的问题综合考虑了总成本的构成,涉及产品超期惩罚成本(考虑超期产品的权重)、库存成本以及交付成本。另外,以往的文献往往只考虑一种交通运输特征,但随着科技水平的进步,动车、飞机、无人机等一系列交通工具均可用于运输,本章涉及多个交通运输特征,丰富了现有关于两阶段供应链中的产品生产理论。其次,在仓储环节,针对多拣选位置的自动化立体仓库,已有文献多聚焦于战术层面分析该仓库系统的运作绩效,以及存储策略如随机存储和分类存储等对系统运作的影响,然而,在战术层面考虑的问题关乎企业的长期规划,需要和日常运作层面相辅相成。本章的落脚点在运作层面,分析此类仓储系统出入库调度策略,为此类仓储系统的使用提供了新的视角。最后,在配送环节,目前尚未有学者考虑包含多仓库、软时间窗口、午休需求和外包服务成本等一系列关键新特性的技术人员服务路线和调度问题。而从实际的情景考虑,配送网络往往包含多个仓库以及一系列客户节点,每一个任务都有相对应的客户要求的上门时间窗口;同时,对技术人员来说,其上班的时间并不是从早到晚连续不断的,而是在上午和下午,或者下午和晚上,之间是有一定的休息时间的。另外,当某些服务无法完成时,可以选择外包给第三方。本章综合考虑了上述符合企业实际运营的诸多特性,丰富了现有的技术人员服务路线和调度问题分析。在实践方面,首先,本章的选题是在对家居业龙头企业A公司进行认真仔细的调研和总结中得到的,根据A公司在实际运营中遇到的情况,帮助A公司解决产品在生产、仓储和配送等环节中遇到的难题,在不影响顾客服务质量的同时,有效地降低企业的成本,并创造利润空间。从长远角度看,本章对相应问题的解决既能有助于企业信誉的提升,也能为企业运营能力状况提供定量评估。其次,本章获得的一般结论可以为整个家居企业提供借鉴和参考,为其他企业对于生产、存储和配送策略的运用提供了很好的实际范例,也具有一定的指导意义。A公司作为我国家居行业的领导品牌,其运营模式对整个行业也有着一定的参考价值。

4.3 仓配装一体化集成平台运营:以A家装平台企业为例

家居产品包括居家用品、装饰装潢等广泛涵义上的泛家居产品。从产品角度划分,家居行业一般包括家具、卫浴、厨房、建材、家纺、家居饰品等产业。从行业角度划分,家居行业分为制作业、流通业和家装业。其中,家居流通业是连接家居制造和家居产品消费的关键环节[40]。

4.3.1 行业发展背景

随着中国家居建材消费的快速增长,家居流通业迅速发展。回顾中国家居流通业的发展历程,分别经历了集市贸易型(如图4.3所示)、专业批发市场型(如图4.4所示)和连锁经营型(如图4.5所示)三个阶段。作为在国内主要消费产品及服务零售行业销售规模排列前三的行业,家居流通业的发展现状代表了中国大多数传统流通行业的典型现状:市场秩序不健全、信息化和标准化水平低、供应链整体效率不高、消费体验待提升等。

第4章 智慧物流仓配装一体化产品的生产、仓储与配送

图4.3 集市贸易型——马路家具市场

图4.4 专业批发市场型——家居建材批发市场

图4.5 连锁经营型——家居平台

A公司是中国经营面积最大、商场数目最多、地理覆盖面积最广的家居装饰及家具商场运营商。从1996年开始,A公司的创始人便开始思考企业在家居业内的未来发展战略,制定了"关掉工厂专注做商场"的商业模式转型决策,创造了"市场化经营,商场化管理"的经营思路,用商场的方式管理市场,像炼油一样不断淘汰质量差的商品,提炼出优质的商品。2000年,A公司推出了自主品牌家居产品,并开设了首个品牌商场。2005年,A公司将中国传统商铺和西方"Shopping Mall"模式相结合,推出情景化的布展、体验式购物的"家居Mall"。2012年,A公司第100座"家居Mall"在天津开业。

从第一代到第九代"家居Mall"的创新,A公司创造了中国特色的家居集成平台运营模式,将精细化管理理念和客户满意度融入到源头生产、干线物流配送、集中仓储直至城市"最后一公里"配送安装全链条,打造了一条较为高效的仓配装一体化家居供应链。2015年,A公司在香港联合交易所有限公司主板挂牌上市。"家居改变生活,创享家居之美"是A公司提升中国人家居生活品位的美好向往。回顾A公司几十年的发展历程,不难发现,正是在供应链运营管理领域的不断创新,成就了其行业龙头与领跑者的地位,而其中的核心模式就是从生产、仓储到配送安装一体化的仓配装集成平台运营。

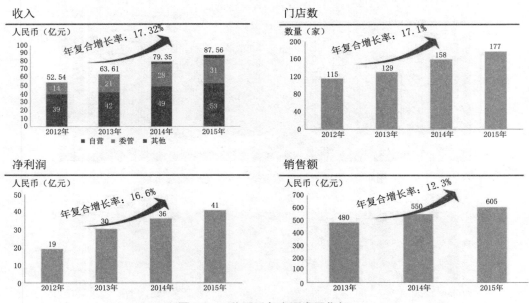

图4.6　A公司近年主要发展指标

A公司目前已在北京、上海、天津、重庆、南京等180多个城市开办了超过300家商场,总经营面积超过1200万平方米,在售国内外知名品牌15000多个,覆盖家具、建材、软装、家电、装修设计等品类,年销售额超700亿元,并于2015年6月26日在港交所上市,成为家居流通行业唯一一家上市公司和行业领导企业。从A公司今年的主要营业指标(见图4.6)可以看出,仓配装一体化集成平台运营模式为其在家居流通业的快速崛起及领先优势发挥了巨大作用。

4.3.2 家居平台运营管理难题

不可否认的是,家居平台在仓配装一体化运营管理中仍然面临诸多挑战。首先,在仓配装供应链上游的生产环节,家居产品假冒现象依然存在,产品质量难以保证。家居产品仿制较为容易,家居制造环节,工厂造假的门槛比较低、打击力度不够,家居市场尤其是电商平台上假货泛滥,不断冲击着家居品牌,整个行业存在着"样品不等于产品,产品不等于商品,商品不等于用品"的经营现象。部分家居产品质量不过关,家居市场上,尤其是小众品牌,往往检测出甲醛超标、放射性物质排放超标等问题,各品类、品牌的产品质量参差不齐。规范家居行业的市场经营秩序,是家居流通行业以及仓配装一体化平台在生产制造领域亟待解决的首要问题。

其次,家居行业仓储配送流通效率低下,城市"最后一公里"配装问题凸显。家居平台供应链在拥有线上市场前景广阔、消费潜力巨大等优势的同时,依然存在配送成本高和效率低的问题。其一,这是由家居建材本身的性质决定的,家居产品具有大件、非标、易损等特性,无法像一般商品那样送货、安装和退货;家居建材的物流服务费用占到产品出厂价的15%—20%,导致成本很高。其二,家居行业智能化程度比较低,只能完全依靠人工。其三,家居产品从工厂到用户之间的环节很多,链条也很长,目前全网供应链资源整合力度还不够,市面上缺少一体化的服务提供商,多头对接导致协同效率很低、物流过程不可控、货损责任分不清、到货周期长等诸多问题。

日本等发达国家家居流通业的物流成本仅占总销售成本的3%至4%,与之相比,中国家居流通行业的物流成本占比高达10%以上。一方面,家居流通业物流属于大件物流,整个行业内的物流总成本居高不下,同时,仓储、配送和安装总成本全部集中在集成家居平台,对仓配装一体化供应链运营的成本管理与优化提出了更为精细化与节约化的要求。另一方面,在家具建材领域,基于产品特性以及运输货损率产生的存储、配送安装成本比例更高。同时,家居行业的信息化水平整体较低,尚未建立成熟的供应链信息化体系,家居流通上下游的商流、物流、信息流和资金流未能有效打通,严重影响了流通效率,未能有效缓解家居工厂、经销商的经营成本压力。

最后,家居流通业的配送、安装服务意识和服务水平总体较低,消费者购物和售后环节服务体验较差,消费者日益增长的线上体验无法得到充分满足。互联网时代下,消费者线上咨询、互动结合线下体验的购物模式越来越成为主流。各主流家居卖场在线下实体店抓产品、抓服务时,在互联网化转型上进展缓慢,或未能足够重视,无法有效地提供线上线下一体化的服务。配送周期长、安装质量不过关等种种行业痛点,使得产品售后环节的客户满意度难以提升。像家具建材这样带有安装的"最后一公里"物流配送,毫无疑问是国内物流行业的一大难题。整个家居行业的"最后一公里"送货安装往往由经销商完成,服务人员素质参差不齐,缺乏统一的服务和操作规范,售后成为家居购物投诉的高发环节。如何从仓配装一体化集成运营的角度提升服务水平和客户满意度,一直是困扰A公司的核心问题。

4.3.3 仓配装一体化转型升级的"家居流通4.0"方案

2015年,在国务院、上海市有关发展内贸流通政策的指导下,A公司和香港大学、中国科学技术大学等相关高校专家研讨论证,正式提出以标准化、信息化、集约化和消费体验升级为核心的"家居流通4.0"发展战略。"家居流通4.0"的内涵聚焦于三个方面:第一,以商户信用分类管理和正品追溯为核心的家居市场信用体系;第二,以绿色环保、集中仓储和物流配送为主体的家居流通发展体系;第三,以顾客消费体验升级为中心的线上线下一体化服务体系。

A公司"家居流通4.0"的主要任务如图4.7所示。

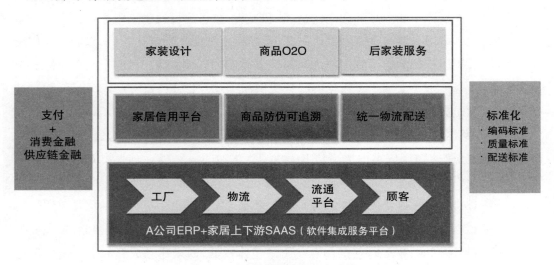

图4.7 "家居流通4.0"主要任务

仓配装一体化的难点首先在于商品与物流信息的标准统一,家居市场缺乏对商品的统一规范描述。据统计,A公司商场内经营的商品就超过1400万件,每件商品又包含品牌、风格、材质、型号、规格等不同信息,种类繁多,参差不齐。只有唯一标记产品SKU的商品编码的标准化与统一化,才能奠定打通从工厂生产制造到干线物流、城市仓储和配送安装全流程的基础。A公司借助ERP系统建立了家居商品编码标准体系,编撰并实践了家居行业唯一一套单品编码体系。通过"统一分配、分散采集、交互校检、各自调用"的模式,建立千万级信息库,保证同一商品在不同商场内能够被准确描述,实现了仓配装一体化的集成运营与规模经济,极大提升了家居运营效率。目前,单品编码已进入国家发明专利实审阶段。

在单品编码的基础上,为更好地解决消费者商品全程追溯的需求,打通供应链上下游的商品管理,A公司又在研发以条形码、二维码和RFID技术作为载体的统一流通编码(如图4.8所示),该编码由四个部分构成:流通信息编码、订单信息编码、顾客信息编码、经销商和工厂信息编码。统一的流通码将流通体系中包括工厂、运输、仓储、安装和顾客端的各个环节全面串联。

100000	10	10 10 1000 1000	100000001	860100000001X
品牌代码6位	系列代码2位	品类代码12位	一级代码9位	二级代码13位

图4.8　商品统一流通编码

此外,A公司以物流仓储管理、城市配送和安装服务为核心,全面提升供应链效率。为全面提升家居物流仓配装一体化效率,向顾客提供更好的服务,A公司自2014年起,联合国内外一流研究机构和智库,大胆创新物流配送运营模式,通过建立仓储中心及配套相应设备设施,组建专业的仓储管理团队、物流运输团队及专业安装维修服务团队,向家居商场商户提供全流程的售后配送安装服务。

1. 在国内多地运营物流配送示范点

A公司已在石家庄、南京、沈阳、无锡、长沙、合肥等地开设物流中心(如图4.9所示),在与干线货运公司合作的基础上,自主建立自主品牌专业物流公司,解决"最后一公里"的服务需求,形成了较为成熟可靠的业务流程,涵盖标准化仓储、信息化配送、专业化安装以及后续维修保养服务,有效实现了客户体验和服务效能的提升。

图4.9　A公司合肥地区智慧物流园

2. 精益物流仓储管理系统建设

A公司按照"统一平台、统一数据库、统一网络"的要求,设立统一信息管理系统,并整合线路、配送、库存等优化策略和物流计划、资金管理、客户管理等直观的商务智能分析,实现数据处理的全面控制,提高整个物流系统的资源计划控制力度和管理控制能力。

3. 顶尖研究团队支持研发标准体系

在香港大学工业与制造系统工程系以及中国科学技术大学管理学院等顶尖运营管理研究团队的支持下,A公司在基础设施建设、信息化系统建设、现场管理、物流配送流程、岗位设定及岗位职责规定、绩效考核等方面打造全面的流程体系(如图4.10所示),并通过实践验证"最后一公里"配装体系,使得物流服务规范实现标准化,物流效率和服务质量得到提升。

标准仓库

标准配送

标准安装

图4.10　A公司标准化仓配装物流体系

4. 与国内外仓储物流领军企业紧密合作确保仓储质量

A公司与中国仓储地产第一品牌普洛斯和新加坡丰树、万科物流地产等优秀合作伙伴开展紧密合作,确保项目在宽敞空间、自然采光、便利的卸货平台、严格的消防设施、24小时安保、便利交通等方面更有保证。

A公司建设线上线下一体化服务平台,全力提升仓配装客户满意度。相比其他行业的电商化迅速发展,家居流通行业的互联网化转型日益落后。为更好地满足家居消费者线上线下一体化和仓配装一体化的购物需求,2015年年底A公司全面启动互联网战略,启动线上线下一体化的发展模式。

作为商务部首批信用消费试点单位,A公司以更好地提升消费者金融服务体验为核心,创新性地结合单用途商业预付卡为消费者提供免息、低息家居贷服务。同时还计划发行商业企业封闭式信用卡，推出家居贷、赊销等消费金融业务。结合正品和"最后一公里"物流配送业务，A公司推出供应链金融服务，为工厂、供应商提供资金，助力业务拓展。此外，A公司正在积极推进"移动支付与互联网支付牌照"的申请进程，目前已获得地方央行受理公示。

A公司为了促进消费者体验升级，不断加快三大互联网平台建设，建设如图4.11所示的家居平台APP。家装平台围绕顾客家装痛点，为消费者提供在线家装设计服务（设计、施工、监理、验收等），并为线下实体店引流。

图4.11　A公司家居平台APP

由于现有家居商品客单价较高，一定程度上影响了消费者的线上交易频次。针对这一共性问题，A公司建立商品交易平台（口碑家居APP，如图4.12所示），积极拓展家居新品类，如类似于宜家的小件家居用品和家庭装饰用品，促进线上的交易与支付，与家装平台、O2O平台全面衔接。同时，新品类还将逐步充实到线下卖场，充分促进线上线下融合，突破传统的单一线下卖场限制，引领消费升级。

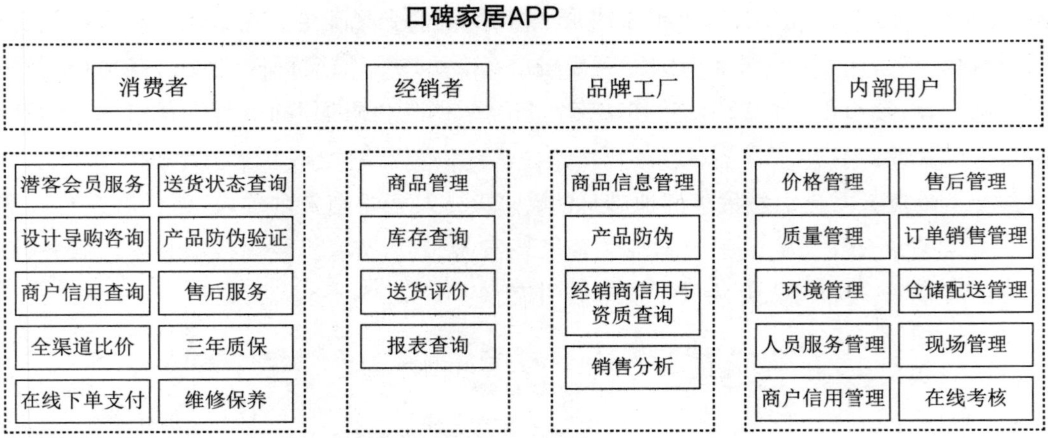

```
                          口碑家居APP
     ┌─────────────────────────────────────────────────────────┐
     │   消费者        经销者        品牌工厂       内部用户    │
     └─────────────────────────────────────────────────────────┘
```

潜客会员服务	送货状态查询	商品管理	商品信息管理	价格管理	售后管理
设计导购咨询	产品防伪验证	库存查询	产品防伪	质量管理	订单销售管理
商户信用查询	售后服务	送货评价	经销商信用与资质查询	环境管理	仓储配送管理
全渠道比价	三年质保	报表查询	销售分析	人员服务管理	现场管理
在线下单支付	维修保养			商户信用管理	在线考核

图 4.12　口碑家居 APP

4.3.4　A 公司仓配装一体化运营优化主要成就

1. 仓配装一体化流通效率显著提升

传统运输模式从工厂提货到终端客户需经过三次中转和四次装卸，运输过程繁琐且信息不透明，责权难定，货损率高。A 公司实施的仓配装一体化项目通过减少装卸次数实现工厂直提、一次中转，干线提货整车率达 85%，大大降低了卸货风险与时间成本，货损率由高于 3% 大幅度降低至 0.8% 以下，实现时效质量双优。

2. 正品追溯快速突破

项目实施以来，逾 300 个品牌申请加入，150 个主流品牌（挪亚家、非同、金可儿、爱依瑞斯、迪诺雅等）成功上线，涵盖家具、建材等多个品类，目前贴标产品近 200 万件，实现常态化消费者终端验证。

2016 年 4 月，A 公司代表行业在深圳、北京同步发布中国家居正品战略，包含"正品可查询""假货零容忍""扶持正品品牌成长"等几大战略，在家居行业内首次对假货正面宣战，极大地维护了消费者的权益。

3. 物流配送全国推行

A 公司"最后一公里"物流配送业务已在石家庄、南京、沈阳、无锡、长沙等城市实现常态化高效运营。截至 2016 年 9 月 15 日，有效仓储面积达 48200 平方米，服务商户 105

家,日均配送安装量达130单,商户满意度和顾客满意度保持在90%以上,合作商户因配送安装问题导致的顾客投诉率平均下降85.7%,商户货损返厂维修率平均下降60%。

精益物流仓储管理系统已正式上线运行,实现了数据的便捷管理。通过整合线路、配送、库存等数据,初步具备对整个物流系统内的资源计划控制力度和管理控制能力,为实现智慧物流和利用大数据更好地满足消费者及工厂需求奠定基础。

4. 线上线下一体化和仓配装一体化协同发展

作为A公司互联网战略的第一个里程碑,互联网商品交易平台于2016年9月16日上线,正式启动了消费者线上线下一体化服务体验的历程,引领激活消费升级。A公司始终以提升家居上下游的流通效率为核心,面对家居行业缺少统一的物流配送标准、信息化水平低、未能有效打通家居流通的各个环节、供应链效率低下、经销商和工厂的经营成本较高等诸多难题,A公司迎难而上,一方面结合互联网战略全面推进家居信息化和互联网化改造,借助GIS、百度地图等信息技术,对整个配送流通环节进行实时监控,有效提高流通效率,另一方面联合香港大学大胆尝试打造全新的物流配送体系。通过深入实践,有效地解决了行业痛点,降低了经销商、工厂的经营成本,提升了流通平台的整体效率。

第5章　考虑交货时间的仓配装一体化产品生产与交付集成

生产问题一直是学术界、企业界关注的焦点,在企业发展的过程中扮演着重要的角色。生产问题是在一定的时间内,给定某一个生产环境中待处理的任务集,通过对可用共享资源的分配和生产任务的排程,包括机器分配次序以及工序加工次序,以满足某些指定的性能指标,包括产品最大完工时间、最大推迟完工时间、生产过程总成本等。同时,交付计划也是供应链系统的核心目标,它是指在供应链中企业向客户提供物品的过程。企业从接到客户订单开始,进行物料准备、设备和人员等生产前的准备,再按订单要求,将产品按量生产出来,并按时将其送到客户手中进行产品交付。不合理的生产和交付计划会导致企业花费的成本急剧提升。因此,本章考虑当交货时间固定时,以A公司成本最小化为目标分析产品的生产计划和交付计划的集成优化问题。

以往的研究多聚焦于供应链中的某一个节点,或是制造商或是供应商,并考虑在此企业的工序排程问题,较少考虑交付计划。本章则考虑了三阶段供应链情景,包含一个制造商、一个供应商和多个客户。订单需要两阶段生产,首先在供应商处初步加工,紧接着运送至制造商处进行二次加工,最后交付给客户。本章场景符合本次所调研的企业面临的真实情况。调研发现,无论制造商的运输能力是有限的还是无限的,当顾客数量是任意的输入值时,相应问题都是强NP-hard问题;当顾客数量是固定量时,则是一般NP-hard的。此外,研究还注意到了一些特殊情况,并通过分析问题结构性质,提出了具有更低运行时间的伪多项式或多项式时间算法。

5.1　案例及相关问题

定制家居产品依据消费者的个性化需求应运而生,凭借空间利用率高、统一装修风格等优势,成为家居企业未来业务的战略选择之一。H家居作为我国A公司家居集团下属的专业生产厂家,其主打产品是真皮沙发。该家居厂家立足于国内市场,在国内开设

300多家专卖店,又面向世界,与美国、西班牙、澳大利亚等国家的外商建立了良好的合作关系。在生产沙发的过程中,主要流程有木材开料、木架成形、加工、皮(布)开料、缝纫、海绵开料、油漆、组装、总检和包装等。在生产计划伊始,H家居会收到来自顾客的订单;接着,H家居的上游(即供应商)会先完成前五个步骤,对沙发部件进行预处理,并将半成品交付给H家居;随后,H家居会对半成品进行深度加工,完成后,会在顾客要求的时间内交付给相应的顾客。不合理的生产和交付计划会导致花费的成本急剧增多。例如,当产品的加工顺序出现问题时,会导致生产成本的增高;当产品交付的时间有偏差时,会造成延误时间成本的增高。因此,基于上述问题,本章关注如何制订合理的生产计划和交付计划以最小化A公司的运营成本。对生产问题来说,需要处理的是:给定某一个生产环境中待处理的任务集,进行可用共享资源的分配和生产任务的排程,从而优化某些指定的绩效指标。常用的指标包括基于生产完工时间的性能指标,如最大流经时间、最大完工时间,基于交货期的性能指标包括最大推迟完工时间、最大拖延时间等。目前已有的文献多聚焦于单个指标的优化,并没有涵盖多目标综合性能指标。特别的,加权超期产品的个数直接影响到客户对公司的印象,需要考虑在内,同时,库存成本以及交付成本也与企业的日常运营息息相关,不可忽视。

另一方面,生产问题按照制造车间的复杂程度有如下几类:

(1) 单机问题:生产环境中只有一台机器,且所有工件都只有一道工序,且都在这一台机器上加工。

(2) 并行机问题:生产环境中有一组机器,工件可以在任意机器进行加工。

(3) 流水车间问题:生产环境中有一组机器,工件按顺序在机器上进行加工,此时加工路线固定。

本章涉及的制造车间更为复杂,考虑在一个三阶段供应链中,工件先在供应商处预先加工,随后送往制造商进行二次加工,工件处理的顺序不固定。本章主要关注产品在两个机器(制造商和供应商的机器)进行加工的顺序,同时还要制订制造商向顾客交付产品的详细计划,目标是延迟交货产品的加权数量、保证库存成本和运输成本的加权总和最小。

5.2 问 题 描 述

本研究中,考虑存在一个供应商、一个制造商(即A公司)以及若干个顾客的三阶段供应链情境。供应链结构如图5.1所示。

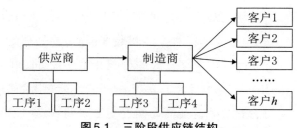

图5.1 三阶段供应链结构

在生产计划伊始,制造商收到来自顾客的两阶段订单,第一阶段中,供应商使用机器对产品进行预处理,并将半成品交付给制造商;第二阶段中,制造商通过机器对产品进行深度加工,并将成品直接交付给相应的顾客,或者暂时保存在仓库中,其中,库存成本与时间成正比。由于顾客对产品的交货日都有预期,且不会为超过预期交货日的产品支付酬劳,因此制造商不会加工超期产品,同时此类产品也不会产生交付附加成本。其中产品的交付具备以下特点:

在第一阶段中,供应商临近制造商,供应商在半成品加工完成后立即由供应商自身车辆运送至制造商处,会产生相应的运输成本;在第二阶段中,制造商远离所有顾客,交付环节由第三方物流公司采用不同的运输工具来完成,例如火车、轮船或飞机,各运输工具的承载能力可以是有限制的,也可以是无限制的。这些运输工具通常在每个站点都遵循固定的每日交货时间,并且利用不同的特性来完成产品交付任务。

三阶段供应链的决策者即制造商,其为了找到最佳的集成调度方案,使得超期产品、库存成本以及交付成本的加权之和最小,需要制订详细的计划:一是明确哪些产品应该被加工生产并交付;二是明确应当在什么时候进行加工某个产品、应当在什么时候向顾客交付某个成品。

用数学语言对问题进行描述。三阶段供应链中,制造商将收到来自 h 个顾客的 h 个独立的两阶段订单,其中,$H=\{1,2,\cdots,h\}$,订单 i 与第 i 个顾客相对应,$i=1,\cdots,h$。订单 i 包含了 n_i 个产品,产品 j 记作 $J_{(i,j)}(i=1,\cdots,h;j=1,\cdots,n_i)$。供应商首先为制造商加工处理 $n=\sum_{k=1}^{h}n_k$ 个产品,然后将其交付给制造商并由制造商进行深度加工,制造商再将完工的成品通过第三方物流交付给特定的顾客。

具体的，n 个产品先由供应商通过机器 M_S 进行部分加工，之后由制造商通过机器 M_M 进行深度加工生产而成，其中，两台机器均可连续工作，但在任意时刻都只能加工一个产品。在时间零点，供应商可以开始加工任意产品，本章将产品 $J_{(i,j)}$（$i=1,\cdots,h;j=1,\cdots,n_i$）由供应商向制造商转移的出库日期记作 r_{ij}，这也是制造商能够开始深度加工该产品的最早时间（配送时间为零的情况下）。产品在机器 M_S 处进行加工的时间记作 p_{ij}^S，本章假设订单 i 中所有产品的第二阶段加工时间一致，所以在机器 M_M 处进行加工的时间都记为 p_i^M，同时，将产品 $J_{(i,j)}$ 应当由制造商向顾客交付的日期记作 d_{ij}。

制造商加工完成的产品要么暂时保存在库房中，要么直接交付给顾客。如果订单 i 的产品保存在库房中，那么将产生库存成本，该成本与库存时间成正比，比例以非负系数 θ_i 来表示。产品在预定日期之前或当天都视为准时交付，否则将视为超期交付。本研究假设：如果预计产品 $J_{(i,j)}$ 将超期交付，则供应链不会生产也不会交付该产品，但是每件超期产品将以 α_{ij} 的成本来核计超期惩罚。

本章假设供应商总是临近制造商，且拥有充足的交通工具，使得总能够在半成品加工完成后直接进行配送，其中，配送时间记为固定的 t，配送产品 $J_{(i,j)}$ 的成本记为 γ_{ij}。在第二阶段，制造商与客户之间的距离可能较长，成品将通过有限数量的交通工具（如火车、轮船、飞机）交付给顾客，且每一种产品都对应着一个事先设定的交货时间。具体来说，每一个订单 i 都有 o_i 个可行的交货时间，将该时间记作 $T_{i1},\cdots,T_{io_i}$，其中 $T_{i1}<T_{i2}<\cdots<T_{io_i}$。对每一个交货时间 $T_{ik}(k=1,\cdots,o_i)$ 而言，都有 v_{ik} 个可用的运输工具与之对应，且相应的运输成本为 D_{ik}。每一种产品 $J_{(i,j)}$ 都将占用 S_{ij} 的运输能力，而交通工具对于订单 i 的承载上限为 Q_i。如果 $\sum_{j=1}^{n_i} s_{ij} > Q_i$，我们就认为交通工具对于订单 i 的运输能力是有限制的，否则就认为其无限制的。

制造商应当决定生产和交付哪些产品，并决定产品在机器 M_S 与机器 M_M 中进行加工的顺序，同时还要制订制造商向顾客交付产品的详细计划。令 C_{ij}^S 和 C_{ij}^M（$i=1,\cdots,h;j=1,\cdots,n_i$）分别表示产品 $J_{(i,j)}$ 在机器 M_S、M_M 上加工的完成时间；令 h_{ij} 表示成品的库存时间。同时令 U_{ij} 表示超期标示，即 $U_{ij}=1$ 表示产品 $J_{(i,j)}$ 的交付时间超出了预定期限，或者产品无法在最后交货时间 T_{io_i} 或该时间之前交付，其他情况下 $U_{ij}=0$。决策的目标值是超期产品、库存持有成本以及交付成本的加权和，即 $\sum_{i=1}^{h}\sum_{j=1}^{n_i}\left[\alpha_{ij}U_{ij}+\gamma_{ij}(1-U_{ij})+\theta_i h_{ij}\right]+\sum_{i=1}^{h}\sum_{k=1}^{o_i}y_{ik}D_{ik}$，其中，$y_{ik}$ 表示 T_{ik} 时间交货的产品所使用的交通工具数量。

5.3 计算复杂度

采用 Chen[48] 在集成生产和出库配送调度问题中所介绍的五模块标记法，本章将所考虑的调度问题简记为 $F(1,1)\|V^M(v_{ik},y),fdep|h|\gamma$，其中 $y\in\{Q_i,\infty\}$。第一个模块表示该问题为两阶段模型，并且每一阶段都只有一台生产机器。第二个模块表示的是与产品有关的约束。第三个模块中，$V^M(v_{ik},y)$ 表示的是在 T_{ik} 交货时间点存在 v_{ik} 个可用的交通工具来运输订单 i 的成品，该订单的运输能力 y 与 Q_i 相同时，意味着交通工具的最大运输能力是有限制的，而当 $y=\infty$ 时，则表示运输能力没有限制。此外，$fdep$ 表示的是存在若干个固定的出发时刻（several fixed departure time instants）。第四模块的 h 表示供应链中存在 h 个顾客。第五模块表示的是目标函数，其中 $\gamma=\sum_{i=1}^{h}\sum_{j=1}^{n_i}[\alpha_{ij}U_{ij}+\gamma_{ij}(1-U_{ij})+\theta_i h_{ij}]+\sum_{i=1}^{h}\sum_{k=1}^{o_i}y_{ik}D_{ik}$。

本章所涉及的所有参数都是非负整数，并且出发时刻的数量 o_i、每个出发时刻的交通工具数量 v_{ik} 都是固定的，文章使用 p^S 与 p^M 来表示所有产品在机器 M_S 与机器 M_M 上加工的总时长，用 p 表示 p^S 与 p^M 之和。

表5.1 所涉及问题的计算复杂度

y	s_{ij}	p_{ij}^S	p_i^M	复杂度
Q_i	$s_{ij}\neq s_i$	$p_{ij}^S\neq p_i^S$	$p_i^M\neq p^M$	SNP，对于任意的 h，即使 $p_{ij}^S=\theta_i=0$
				ONP，对于固定的 h，$O\left[P^S(P+t)\prod_{i=1}^{h}\left(n_iQ_i^{v_{io_i}}\right)\right]$
		$p_{ij}^S=p_i^S$		ONP，对于固定的 h，$O\left[(P+t)\prod_{i=1}^{h}\left(n_iQ_i^{v_{io_i}}\right)\right]$
		$p_{ij}^S=p_i$	$p_i^M\neq p_i$	ONP，对于固定的 h，$O\left[\prod_{i=1}^{h}\left(n_i^2Q_i^{v_{io_i}}\right)\right]$
		$p_{ij}^S=p^S$	$p_i^M=p^M$	ONP，对于固定的 h，$O\left[\prod_{i=1}^{h}\left(n_i^2Q_i^{v_{io_i}}\right)\right]$
	$s_{ij}=s_i$	$p_{ij}^S\neq p_i^S$	$p_i^M\neq p^M$	ONP，对于固定的 h，$O\left[P^S(P+t)\prod_{i=1}^{h}n_i^2\right]$
		$p_{ij}^S=p_i^S$		Open，对于固定的 h，$O\left[(P+t)\prod_{i=1}^{h}n_i^3\right]$

续表

y	s_{ij}	p_{ij}^S	p_i^M	复杂度
∞	$s_{ij} \neq s_i$	$p_{ij}^S = p_i$	$p_i^M \neq p_i$	PS, $O\left(\prod_{i=1}^{h} n_i^3\right)$
		$p_{ij}^S = p^S$	$p_i^M = p^M$	PS, $O\left(\prod_{i=1}^{h} n_i^3\right)$
		$p_{ij}^S \neq p_i^S$	$p_i^M \neq p^M$	SNP, 对于任意的 h, 即使 $p_{ij}^S = \theta_i = 0$
				ONP, 对于固定的 h, $O\left[P^S(P+t)\prod_{i=1}^{h} n_i\right]$
		$p_{ij}^S = p_i^S$		Open, 对于固定的 h, $O\left[(P+t)\prod_{i=1}^{h} n_i\right]$
		$p_{ij}^S = p_i$	$p_i^M \neq p_i$	PS, $O\left(\prod_{i=1}^{h} n_i^2\right)$
		$p_{ij}^S = p^S$	$p_i^M = p^M$	PS, $O\left(\prod_{i=1}^{h} n_i^2\right)$

表 5.1 是相关结论复杂度的一个概要。如最后一栏所示,根据所开发算法的时间复杂度给出了相关问题的计算复杂度,其中,ONP、SNP 以及 PS 分别表示所涉及的问题是一般意义的 NP-hard、强 NP-hard 以及多项式时间可解性,"Open"意味着问题的计算复杂度仍然不清楚。

5.4 结构性质分析

该部分中,我们给出了所涉及问题最优调度的一些基本结构性质。这些性质将用于后续的算法设计中。

引理 5.1 对于所考虑的每个问题,存在一个最优生产计划满足以下性质:

（1）所有的工件在机器 M_S 上从零时刻开始加工产品并且没有空闲时间;

（2）产品在机器 M_M 上要么在它到达制造商处的时刻开始加工,要么在该台机器上某个产品完工后立刻开始加工。

引理 5.2 对于所考虑的每个问题,存在一个最优生产计划,其中来自同一个订单的产品在两台机器上均按交付日期从大到小的顺序（EDD 顺序）加工。

证明: 首先证明存在一个最优调度,其中产品在机器 M_M 与机器 M_S 的加工顺序是相同的。考虑一个最优的生产计划,其中产品 $J_{(i,j)}$ 和 $J_{(i',k)}$ 在机器 M_M 与机器 M_S 的加工顺序不一致，在机器M_M上$J_{(i',k)}$紧随$J_{(i,j)}$其后进行加工，而在机器M_S上，$J_{(i',k)}$比$J_{(i,j)}$先加工。现在考虑一个新的生产计划，即在机器M_S上，$J_{(i',k)}$也紧随$J_{(i,j)}$进行加工生产，其他产品的加工顺序不变。在新的供应商半成品交付计划中，只有$J_{(i',k)}$被后置了，但产品$J_{(i',k)}$在新生产计划下交付给顾客的时间不晚于其在原始生产计划下的交付时间，新的生产计划是可行的。

接着证明来自同一个订单的产品在两台机器上均按EDD顺序加工是最优的。由上述证明，仅需证明来自同一个订单的产品在机器M_M上按EDD顺序加工是最优的。假设存在一个最优生产计划，其中，产品$J_{(i,j)}$在机器M_M上比$J_{(i,k)}$先加工，但$d_{(i,j)}>d_{(i,k)}$。现通过将产品$J_{(i,j)}$安排在$J_{(i,k)}$之后在机器M_M上加工，而保持其余条件均不变来建立一个新的生产计划。由上述证明可知，这个新的生产计划仍然是可行的。由于产品$J_{(i,j)}$和$J_{(i,k)}$在机器M_M上的加工时间是相同的，新旧生产计划的目标值是相同的，得证。

下面令订单$i(i=1,\cdots,h)$的产品依照EDD顺序进行重新编号，满足$d_{i1}\leqslant d_{i2}\leqslant\cdots\leqslant d_{in_i}$。下文将分析所涉及问题的计算复杂度。

定理 5.3 对于固定的h，即使$p_{ij}^S=\theta_i=0(i=1,\cdots,h;j=1,\cdots,n_i)$，问题$F(1,1)\|V^M(v_{ik},y),fdep|h|\gamma^A,y\in\{Q_i,\infty\}$都是强NP-hard的。

证明：当$p_{ij}^S=\theta_i=0(i=1,\cdots,h;j=1,\cdots,n_i)$时，这两个问题都可以归约到$h$固定时的单阶段问题$1|p_{ij}=p_i|\sum_{k=1}^{v_{i_i}}y_{ik}D_{ik}$。借鉴Li等[54]定理12的证明，可证明问题$1|p_{ij}=p_i|\sum_{k=1}^{v_{i_i}}y_{ik}D_{ik}$也是强NP-hard的，得证。

定理 5.4 对于固定的h，即使$p_{1j}^S=\theta_1=0$且$o_1=h=1(j=1,\cdots,n_1)$，问题$F(1,1)\|V^M(v_{ik},Q_i),fdep|h|\gamma^A$是NP-hard的。

证明：当$p_{1j}^S=\theta_1=0$且$o_1=h=1(j=1,\cdots,n_1)$时，该问题可以归约到经典的NP-hard问题——装箱问题。因此，问题$F(1,1)\|V^M(v_{ik},Q_i),fdep|h|\gamma^A$也是NP-hard的。

定理5.5 对于固定的h，即使$o_1=v_{1o_1}=h=1,\gamma_{1j}=D_{11}=\theta_1=0,d_{1j}=d(j=1,\cdots,n_1)$，问题$F(1,1)\|V^M(v_{ik},y),fdep|h|\gamma^A,y\in\{Q_i,\infty\}$都是NP-hard的。

证明：当$o_1=v_{1o_1}=h=1,\gamma_{1j}=D_{11}=\theta_1=0,d_{1j}=d(j=1,\cdots,n_1)$时，这两个问题都可以归化为两机器流水线车间问题：$F2|d_{1j}=d,p_{1j}^M=p_1|\sum_{j=1}^{n_1}\alpha_{1j}U_{1j}$。现在，我们通过2-划分问题，证明问题$F2|d_{1j}=d,p_{1j}^M=p_1|\sum_{j=1}^{n_1}\alpha_{1j}U_{1j}$是NP-hard的。

2-划分:给定 k 个整数 $a_j(j=1,\cdots,k)$ 的有限集 I,其中 $\sum_{j=1}^{k}a_j=2K$。在集合 $\{1,2,\cdots,k\}$ 中是否存在两个不相交的子集 I_1 和 I_2,使得 $\sum_{j\in I_i}a_j=K(i=1,2)$?

给定 2-划分的任一问题实例,我们可按如下方式构造问题 $F2|d_{1j}=d, p_{1j}^{M}=p_1|\sum_{j=1}^{n_1}\alpha_{1j}U_{1j}\leqslant U$ 的一个问题实例:

- 产品数量:$n_1=k$;
- 产品加工时间:$p_j^S=a_j(j=1,\cdots,k)$,并且 $p_1=1$;
- 供应商向制造商交付半成品的配送时间:$t=0$;
- 惩罚权重:$\alpha_{1j}=a_j(j=1,\cdots,k)$;
- 到期日:$d=K+1$;
- 阈值:$U=A$。

显然,当且仅当问题 $F2|d_{1j}=d, p_{1j}^{M}=p_1|\sum_{j=1}^{n_1}\alpha_{1j}U_{1j}\leqslant U$ 的问题实例存在可行生产计划时,2-划分问题存在可行解,得证。

5.5 模型求解

5.5.1 基准模型

该部分将重点探究 $F(1,1)\|V^M(v_{ik},y), fdep|h|\gamma$ 问题,首先基于问题结构性质开发了一个伪多项式时间动态规划算法,说明该问题是一般 NP-hard 的,进而基于该算法说明如何设计计算复杂度更多的算法用于求解一些特殊问题。

针对 $F(1,1)\|V^M(v_{ik},y), fdep|h|\gamma$ 问题所设计的动态规划算法是一种前向算法,为使行文方便,我们将其简记为 RVBP 算法。该算法依赖于引理 5.1 与 5.2 中所给出的最优生产计划的结构性质,将单个产品逐个地插入到先前构造的部分生产计划中。RVBP 算法用状态向量 $(t_1,t_2,l_1,\cdots,l_h,\beta_1,\cdots,\beta_h,f)$ 来表示产品集 $\{J_{(1,1)},\cdots,J_{(1,q_1)},\cdots,J_{(h,1)},\cdots,J_{(h,q_h)}\}$ 可行的部分或全部生产计划,其中:

- t_1 是最后一件要加工的产品在机器 M_S 上加工完成的时间;
- t_2 是最后一件要加工的产品在机器 M_M 上加工完成的时间;

- $l_i(i=1,\cdots,h)$ 代表了运输工具交货时间的下标索引，如产品 $J_{(i,q_i)}$ 在 T_{il_i} 时刻交付；
- $\beta_{il_i}=(b_1,\cdots,b_{v_{il_i}})(i=1,\cdots,h:b_j,j=1,\cdots)$，$v_{il_i}$ 表示订单 i 在第 j 个运输工具中的产品所占用的运输容量，其中第 j 个运输工具在 T_{il_i} 时刻离开；
- f 表示的是部分生产计划所对应的目标值。

记 $K(q_1,\cdots,q_h)(q_i=0,1,\cdots,n_i,i=1,\cdots,h)$ 为产品集 $\{J_{(1,1)},\cdots,J_{(1,q_1)},\cdots,J_{(h,1)},\cdots,J_{(h,q_h)}\}$ 的所有可行部分生产计划对应的状态向量集合。状态集是依次迭代生成的，初始状态集 $K(0,\cdots,0)$ 只包含 $(\underbrace{0,\cdots,0}_{2h+3})$ 一个状态向量，此时令 $v_{00}=1$。对于任意的 $(q_1,\cdots,q_h)$ 组合，其中 $0\leq q_i\leq n_i(i=1,\cdots,h)$ 且 $(q_1,\cdots,q_h)\neq(\underbrace{0,\cdots,0}_{h})$，状态集 $K(q_1,\cdots,q_i-1,\cdots,q_h)$ 由状态集 $K(q_1,\cdots,q_{i-1},q_i-1,q_{i+1},\cdots,q_h)(i=1,\cdots,h)$ 中的向量生成。具体地，对于每一个状态向量 $(t_1,t_2,l_1,\cdots,l_h,\beta_1,\cdots,\beta_h,f)\in K(q_1,\cdots,q_{i-1},q_i-1,\cdots,q_h)$，将产品 $J_{(i,q_i)}$ 插入到该状态向量对应的部分计划中，需考虑如下情况：

情况1： 在机器上安排产品 $J_{(i,q_i)}$ 的生产。在这种情况中，产品 $J_{(i,q_i)}$ 必须在到期日或到期日之前完成加工并交付，为此需要 $\max\{t_1+p_{iq_i}^S+t,t_2\}+p_i^M\leq d_{iq_i}$，其中，$\max\{t_1+p_{iq_i}^S+t,t_2\}+p_i^M$ 表示的是产品 $J_{(i,q_i)}$ 在机器 M_M 上的完工时间。

为了生产新的满足要求的生产计划，需进一步考虑如下三个子情况。

子情况1.1： 产品 $J_{(i,q_i)}$ 在 T_{il_i} 时刻交付。为满足子情况的要求，需要 $\max\{t_1+p_{iq_i}^S+t,t_2\}+p_i^M\leq T_{il_i}\leq d_{iq_i}$，且 $\exists j\in\{1,\cdots,v_{il_i}\}$ 使得 $b_j+S_{iq_i}\leq Q_i$。如果产品 $J_{(i,q_i)}$ 被分配给第 j 个交通工具来运输，那么该产品对于目标值的贡献是 $\theta_i(T_{il_i}-\max\{t_1+p_{iq_i}^S+t,t_2\}-p_i^M)+\gamma_{iq_i}+a$，其中当 $b_j>0$ 且 $b_j+S_{iq_i}\leq Q_i$ 时 $a=0$，当 $b_j=0$ 时 $a=D_{il_i}$。因此，子情况1.1要求对于任意的 $j\in\{1,\cdots,v_{il_i}\}$，$b_j+S_{iq_i}\leq Q_i$ 都成立。如果 $\max\{t_1+p_{iq_i}^S+t,t_2\}+p_i^M\leq T_{il_i}\leq d_{iq_i}$，那么新情形 $(t_1+p_{iq_i}^S,\max\{t_1+p_{iq_i}^S+t,t_2\}+p_i^M,l_1,\cdots,l_h,\beta_1,\cdots,\beta_{i-1},\bar{\beta}_i,\beta_{i+1},\cdots,\beta_h,f+\theta_i(T_{il_i}-\max\{t_1+p_{iq_i}^S+t,t_2\}-p_i^M)+\gamma_{iq_i}+a)$ 将被添加到 $K(q_1,\cdots,q_h)$ 中，其中 $\bar{\beta}_i=(b_1,\cdots,b_{j-1},b_j+S_{iq_i},b_{j+1},\cdots,b_{v_{il_i}})$，并且当 $b_j>0$ 且 $b_j+S_{iq_i}\leq Q_i$ 时 $a=0$，当 $b_j=0$ 时 $a=D_{il_i}$。

子情况1.2： 产品 $J_{(i,q_i)}$ 在 T_{i,l_i+1} 时刻交付。因为在 T_{il_i} 时刻没有可用的交通工具配送产品 $J_{(i,q_i)}$，产品需在后续交货时间 T_{i,l_i+1} 进行交付。在这种子情况中，对于所有的

$j=1,\cdots,v_{il_i}$,都必须使 $\max\{t_1+p_{iq_i}^S+t,t_2\}+p_i^M \leq T_{i,l_i+1} \leq d_{iq_i}$ 成立,且 $b_j+S_{iq_i}>Q_i$。在给定的条件下,产品 $J_{(i,q_i)}$ 对于目标值的贡献是 $\theta_i(T_{i,l_i+1}-\max\{t_1+p_{iq_i}^S+t,t_2\}-p_i^M)+\gamma_{iq_i}+D_{i,l_i+1}$。因此,如果以上不等式成立,则新情形 $(t_1+p_{iq_i}^S,\max\{t_1+p_{iq_i}^S+t,t_2\}+p_i^M,l_1,\cdots,l_{i-1},l_i+1,l_{i+1},\cdots,l_h,\beta_1,\cdots,\beta_{i-1},\bar{\beta}_i,\beta_{i+1},\cdots,\beta_h,f+\theta_i(T_{i,l_i+1}-\max\{t_1+p_{iq_i}^S+t,t_2\}-p_i^M)+\gamma_{iq_i}+D_{i,l_i+1})$ 将会被附加到 $K(q_1,\cdots,q_h)$ 中,其中

$$\bar{\beta}_i=\Big(S_{iq_i},\underbrace{0,\cdots,0}_{v_{i,l_i+1}-1}\Big)$$

子情况1.3:产品 $J_{(i,q_i)}$ 在 T_{ik} 时刻交付。因为产品 $J_{(i,q_i)}$ 在机器 M_M 上的完工时间晚于 T_{il_i},产品 $J_{(i,q_i)}$ 将在 T_{ik} 时刻进行交付,其中 k 是满足 $T_{il_i}\leq T_{i,k-1}<\max\{t_1+p_{iq_i}^S+t,t_2\}+p_i^M\leq T_{ik}\leq d_{iq_i}$ 要求的最小下标,且 $k\leq o_i$。在给定的条件下,产品 $J_{(i,q_i)}$ 对目标值的贡献为 $\theta_i(T_{ik}-\max\{t_1+p_{iq_i}^S+t,t_2\}-p_i^M)+\gamma_{iq_i}+D_{ik}$。因此,当 $T_{il_i}<\max\{t_1+p_{iq_i}^S+t,t_2\}+p_i^M\leq d_{iq_i}$,且存在 $k,l_i<k\leq o_i$ 使得 $T_{il_i}\leq T_{i,k-1}<\max\{t_1+p_{iq_i}^S+t,t_2\}+p_i^M\leq T_{ik}\leq d_{iq_i}$ 时,新情形 $(t_1+p_{iq_i}^S,\max\{t_1+p_{iq_i}^S+t,t_2\}+p_i^M,l_1,\cdots,l_{i-1},k,l_{i+1},\cdots,l_h,\beta_1,\cdots,\beta_{i-1},\bar{\beta}_i,\beta_{i+1},\cdots,\beta_h,f+\theta_i(T_{ik}-\max\{t_1+p_{iq_i}^S+t,t_2\}-p_i^M)+\gamma_{iq_i}+D_{ik})$ 将会被附加到 $K(q_1,\cdots,q_h)$ 中,其中

$$\bar{\beta}_i=\Big(S_{iq_i},\underbrace{0,\cdots,0}_{v_{ik}-1}\Big)$$

情况2:产品 $J_{(i,q_i)}$ 无法顺利交付给顾客。该问题的存在有两个原因:① 产品 $J_{(i,q_i)}$ 的生产计划安排得过晚,例如 $\max\{t_1+p_{iq_i}^S+t,t_2\}+p_i^M>d_{iq_i}$;② 产品的生产计划安排恰当,但是无法在到期日或到期日之前准时交付,即 $T_{io_i}<\max\{t_1+p_{iq_i}^S+t,t_2\}+p_i^M\leq d_{iq_i}$,或者对于所有的 $j=1,\cdots,v_{il_i}$,都有 $l_i=o_i$,$\max\{t_1+p_{iq_i}^S+t,t_2\}+p_i^M\leq T_{il_i}\leq d_{iq_i}$,并且 $b_j+S_{iq_i}>Q_i$。在这两种子情况中,产品 $J_{(i,q_i)}$ 对于目标值的贡献都是 α_{iq_i},且新情形 $(t_1,t_2,l_1,\cdots,l_h,\beta_1,\cdots,\beta_h,f+\alpha_{iq_i})$ 将会被附加到 $K(q_1,\cdots,q_h)$ 中。

在生成状态集 $K(q_1,\cdots,q_h)$ 过程中,可能产生多个状态向量,其中有些状态向量不会产生一个完整的最优生产计划。因此,本章将采用一种占优检验来筛去部分情形。如果在情形 $(t_1',t_2',l_1',\cdots,l_h',\beta_1',\cdots,\beta_h',f')\in K(q_1,\cdots,q_h)$ 下,每一种可行的情况对于 $(t_1,t_2,l_1,\cdots,l_h,\beta_1,\cdots,\beta_h,f)\in K(q_1,\cdots,q_h)$ 情形而言都是可行的,并且后者能够产生一个完整的生产计划,同时其目标价值并不比应用相同的完成方法获得的生产计划的目标值

大时，认为情形 $(t_1,t_2,l_1,\cdots,l_h,\beta_1,\cdots,\beta_h,f)\in K(q_1,\cdots,q_h)$ 就认为可以主导情形 $(t_1',t_2',l_1',\cdots,l_h',\beta_1',\cdots,\beta_h',f')\in K(q_1,\cdots,q_h)$。

推论 5.6 对 $K(q_1,\cdots,q_h)$ 中的任意两种情形 $(t_1,t_2,l_1,\cdots,l_h,\beta_1,\cdots,\beta_h,f)$ 与 $(t_1',t_2',l_1',\cdots,l_h',\beta_1',\cdots,\beta_h',f')$ 而言，在 $t_1\leqslant t_1',t_2\leqslant t_2',f\leqslant f',l_i\leqslant l_i'$ 以及 $\beta_i\leqslant\beta_i'(i=1,\cdots,h)$ 都成立时，前者可以占优后者，其中 $\beta_i\leqslant\beta_i'$ 意味着 $b_j\leqslant b_j'(j=1,\cdots,v_{il_i})$。

综上所述，可以正式给出 RVBP 算法流程，后文见图 5.2。其中具体伪代码见附录 2.1。

接下来，可以证明 RVBP 算法能在多项式时间内解决问题 $F(1,1)\|V^M(v_{ik},Q_i)$, $fdep|h|\gamma$。

定理 5.7 问题 $F(1,1)\|V^M(v_{ik},Q_i),fdep|h|\gamma$ 通过 RVBP 算法可以在多项式时间 $O\left(P^S(P+t)\prod_{i=1}^{h}(n_iQ_i^{v_{i_{o_i}}})\right)$ 内求得最优解。

证明：由于 RVBP 算法采用了引理 5.1 和引理 5.2 中的性质，且每一次迭代都会生成所有可能的情形 $(t_1,t_2,l_1,\cdots,l_h,\beta_1,\cdots,\beta_h,f)$，并且只有非主导情形才能被消除，所以 $K(q_1,\cdots,q_h)$ 总是保持可能被最终的最优计划所包含的情形。对于算法的时间复杂度，首先执行了 h 次排序程序，时间为 $O(\max_{i=1,\cdots,h}n_i\log n_i)$，然后 t_1 与 t_2 的可能值最多只有 P^S 与 $P+t$ 种；l_i 与 β_i 的可能值最多只有 o_i 与 $Q_i^{v_{i_{o_i}}}$ 种。给定消除规则，则 $\{t_1,t_2,l_1,\cdots,l_h,\beta_1,\cdots,\beta_h\}$ 不同组合的数量不会超过 $P^S(P+t)\prod_{i=1}^{h}(n_iQ_i^{v_{i_{o_i}}})$。经过消除程序后，在 $K(q_1,\cdots,q_h)$ 中生成的情形最多只有 $P^S(P+t)\prod_{i=1}^{h}(n_iQ_i^{v_{i_{o_i}}})$ 种，其中，$K(q_1,\cdots,q_h)$ 最多需要进行 v_{io_i} 次迭代。因此，在 $\prod_{i=1}^{h}n_i$ 次迭代后，花费的多项式时间为 $O\left(P^S(P+t)\prod_{i=1}^{h}(n_iQ_i^{v_{i_{o_i}}})\right)$。

接下来，我们将考虑下述问题的求解算法：

(1) 相同订单内的所有产品具备相同的规格大小，即 $s_{ij}=s_i(i=1,\cdots,h;j=1,v,n_i)$，则运输工具最多只能承载订单 i 中的 $[Q_i/s_i]$ 件产品。

(2) 相同订单内的所有产品具备相同的加工时间，即 $p_{ij}^S=p_i^S(i=1,\cdots,h;j=1,\cdots,n_i)$。

(3) 交通工具运输能力无限制，即 $y=\infty$。

5.5.2 特殊情形1：产品的规格大小相同

此部分将探究 $F(1,1)|s_{ij}=s_i|V^M(v_{ik},Q_i),fdep|h|\gamma$ 问题，其中 $i=1,\cdots,h;j=1,\cdots,n_i$。

仿照算法 RVBP 设计一套前向动态规划算法，并简记为 RVBP-IS 算法。该算法假设运输工具依次装载产品，直到达到最大装载能力，而对于产品集 $\{J_{(1,1)},\cdots,J_{(1,q_1)},\cdots,J_{(h,1)},\cdots,J_{(h,q_h)}\}$ 可行的部分或全部产品生产计划将用情形 $(t_1,t_2,l_1,\cdots,l_h,x_1,\cdots,x_h,f)$ 来表示，其中 $x_i(i=1,\cdots,h)$ 指在 T_{il_i} 时刻交付的订单 i 产品数量，其余参数的设定类似于 RVBP 算法。

设 $L(q_1,\cdots,q_h)(q_i=0,1,\cdots,n_i;i=1,\cdots,h)$ 对应于产品集 $\{J_{(1,1)},\cdots,J_{(1,q_1)},\cdots,J_{(h,1)},\cdots,J_{(h,q_h)}\}$ 可行的部分生产计划的所有情形。为了从 $L(q_1,\cdots,q_{i-1},q_i-1,q_{i+1}\cdots,q_h)$ $(i=1,\cdots,h)$ 中生成情形 $L(q_1,v,q_h)$，必须要考虑与 RVBP 算法类似的情况，同时应当注意以下不同点：

(1) 以 $x_i+1 \leqslant v_{il_i}[Q_i/s_i]$ 是否成立来判断产品 $J_{(i,q_i)}$ 在时刻 T_{il_i} 是否可以被交付。

(2) 以 $[(x_i+1)/Q_i]=[x_i/Q_i]$ 或 $[(x_i+1)/Q_i]=[x_i/Q_i]+1$ 来确定产品 $J_{(i,q_i)}$ 对于目标值的贡献。在 $[(x_i+1)/Q_i]=[x_i/Q_i]+1$ 这种情形下，需要有新的交通工具在 T_{il_i} 时运输产品 $J_{(i,q_i)}$，因此需要针对产品计算交付成本 D_{il_ic}。

为了进一步优化状态矢量空间，我们提供了如下的占优规则：

推论 5.8 对 $K(q_1,\cdots,q_h)$ 中的任意两种情形 $(t_1,t_2,l_1,\cdots,l_h,x_1,\cdots,x_h,f)$ 与 $(t_1',t_2',l_1',\cdots,l_h',x_1',\cdots,x_h',f')$ 而言，在 $t_1 \leqslant t_1', t_2 \leqslant t_2', f \leqslant f', l_i \leqslant l_i'$ 以及 $\beta_i \leqslant \beta_i'(i=1,\cdots,h)$ 都成立时，前者总优于后者。

综合上述，我们给出 RVBP-IC 算法的伪代码，具体见附录1.2。

定理 5.9 问题 $F(1,1)|s_{ij}=s_i|V^M(v_{ik},c_i),fdep|h|\gamma$ 通过 RVBP-IC 算法可以在多项式时间 $O\left(P^s(P+t)\prod_{i=1}^h n_i^2\right)$ 内求得最优解。

证明：与定理 5.8 相似，但唯一不同的是 $L(n_1,\cdots,n_h)$ 中经过消除后的情形其数量上限应当通过多项式时间 $O\left(P^s(P+t)\prod_{i=1}^h n_i^2\right)$ 来表示，其中，t_1 与 t_2 的可能值最多有 P^s 与 $P+t$ 种；l_i 与 β_i 的可能值最多有 o_i 与 n_i 种 $(i=1,\cdots,h)$。

5.5.3 特殊情形2：产品的加工时间相同

此部分将探究 $F(1,1)|p_{ij}^S=p_i^S|V^M(v_{ik},Q_i), fdep|h|\gamma$ 问题，其中 $i=1,\cdots,h; j=1,\cdots,n_i$。

通过RVBP算法的情形生成程序可知，如果能够知晓部分生产计划中产品在各个机器上的加工安排，我们就可以计算最后一个产品在机器 M_S、M_M 上完工的时间。因此，算法 RVBP 只需要用向量 $(a_1,\cdots,a_h)$ 来代替 t_1 就可以运用于 $F(1,1)|p_{ij}^S=p_i^S|V^M(v_{ik},Q_i), fdep|h|\gamma$ 问题，其中，$a_i(i=1,\cdots,h)$ 表示订单 i 在各个机器上的安排加工的产品数量。此时，产品 $J_{(i,q_i)}$（加工安排表中的第 a_i+1 个订单 i 产品）在机器 M_M 上完工的时间为 $\max\left\{\sum_{k=1}^h a_k p_k^S + p_i^S + t, t_2\right\} + p_i^M$。由此可得如下结论：

定理 5.10 问题 $F(1,1)|p_{ij}^S=p_i^S|V^M(v_{ik},Q_i), fdep|h|\gamma$ 可以在多项式时间 $O\left((P+t)\prod_{i=1}^h (n_i^2 Q_i^{v_{in}})\right)$ 内求得最优解。

证明：与定理5.8相似，但唯一不同的是经过消除后的情形数量上限应当通过多项式时间 $O\left((P+t)\prod_{i=1}^h (n_i^2 Q_i^{v_{in}})\right)$ 来表示，其中，t_2 的可能值最多有 $P+t$ 种；a_i、l_i 与 β_i 的可能值最多有 n_i、o_i 与 $Q_i^{v_{in}} (i=1,\cdots,h)$ 种。

进一步考虑两种更为具体的情形：

- $p_{ij}^S=p_i^S=p_i^M=p_i(i=1,\cdots,h; j=1,\cdots,n_i)$。这种情形与上述分析类似，即给定 $a_i(i=1,\cdots,h)$，则产品 $J_{(i,q_i)}$ 在机器 M_M 完工的时间为 $\sum_{k=1}^h a_k p_k^S + p_i + \max\left\{\max_{k\in\{1,\cdots,i-1,i+1,\cdots,n\}:a_k>0}\{p_k\}, p_i\right\} + t$；

- $p_{ij}^S=p^S$ 和 $p_i^M=p^M(i=1,\cdots,h; j=1,\cdots,n_i)$。类似的，给定 $a_i(i=1,\cdots,h)$，则产品 $J_{(i,q_i)}$ 在机器 M_M 完工的时间为 $\left(1+\sum_{k=1}^h a_k\right)\max\{p^S,p^M\} + \min\{p^S,p^M\} + t$。

因此，RVBP算法只需要用向量 $(a_1,\cdots,a_h)$ 来代替向量 (t_1,t_2)，就可以应用于上述两个具体情形，即问题 $F(1,1)|p_{ij}^S=p_i^S=p_i^M=p_i|V^M(v_{ik},Q_i), fdep|h\gamma$ 以及问题 $F(1,1)|p_{ij}^S=p^S, p_i^M=p^M|V^M(v_{ik},Q_i), fdep|h\gamma$。由此可以得出如下结论：

定理5.11 问题 $F(1,1)|p_{ij}^S=p_i^S=p_i^M=p_i|V^M(v_{ik},Q_i), fdep|h\gamma$ 与问题 $F(1,1)|p_{ij}^S=$

p^S, $p_i^M = p^M | V^M(v_{ik}, Q_i)$, $fdep|h|\gamma$ 都可以在多项式时间 $O\left(\prod_{i=1}^{h}\left(n_i^2 Q_i^{v_{in}}\right)\right)$ 内求得最优解。

证明：与定理5.8相似，但唯一不同的是经过消除后的情形数量上限应当通过多项式时间 $O\left(\prod_{i=1}^{h}\left(n_i^2 Q_i^{v_{in}}\right)\right)$ 来表示，其中 a_i、l_i 与 β_i 的可能值最多有 n_i、o_i 与 $Q_i^{v_{in}}(i=1,\cdots,h)$ 种。

算法 RVBP-IC 通过类似的调整也可以应用于如下具体情形：① 问题 $F(1,1)|p_{ij}^S = p_i^S, s_{ij} = s_i | V^M(v_{ik}, c_i)$, $fdep|h|\gamma$；② 问题 $F(1,1)|p_{ij}^S = p_i^S = p_i^M = p_i, s_{ij} = s_i | V^M(v_{ik}, c_i)$, $fdep|h|\gamma$；③ 问题 $F(1,1)|p_{ij}^S = p^S, p_i^M = p^M, s_{ij} = s_i | V^M(v_{ik}, c_i)$, $fdep|h|\gamma$。由此可得如下结论：

定理 5.12 问题 $F(1,1)|p_{ij}^S = p_i^S, s_{ij} = s_i | V^M(v_{ik}, c_i)$, $fdep|h|\gamma$ 可以在多项式时间 $O\left((P+t)\prod_{i=1}^{h}n_i^3\right)$ 内求得最优解。

证明：该证明部分与定理5.10类似，略去。

定理 5.13 问题 $F(1,1)|p_{ij}^S = p_i^S = p_i^M = p_i, s_{ij} = s_i | V^M(v_{ik}, c_i)$, $fdep|h|\gamma$ 与问题 $F(1,1)|p_{ij}^S = p^S, p_i^M = p^M, s_{ij} = s_i | V^M(v_{ik}, c_i)$, $fdep|h|\gamma$ 都可以在多项式时间 $O\left(\prod_{i=1}^{h}n_i^3\right)$ 内求得最优解。

证明：该证明部分与定理5.11类似，略去。

5.5.4 特殊情形3：交通工具运输能力无限制

在问题 $F(1,1)\|V^M(v_{ik},\infty)$, $fdep|h|\gamma$ 中，不需要关注是否有可用的交通工具能够在 T_{il_i} 运送产品 $J_{(i,q_i)}$，因此，算法 RVBP 只需将其向量 $(\beta_1,\cdots,\beta_h)$ 删去就可以用于解决该问题。由此可得如下结论：

定理 5.14 问题 $F(1,1)\|V^M(v_{ik},\infty)$, $fdep|h|\gamma$ 可以在多项式时间 $O\left(P^S(P+t)\prod_{i=1}^{h}n_i\right)$ 内求得最优解。

证明：与定理5.8相似，但唯一不同的是经过消除后的情形数量上限应当通过多项式时间 $O\left(P^S(P+t)\prod_{i=1}^{h}n_i\right)$ 来表示，其中 t_1 与 t_2 的可能值最多有 P^S 与 $P+t$ 种；l_i 的可能值最多有 $n_i(i=1,\cdots,h)$ 种。

类似于5.5.3节的讨论，可得如下结论：

定理 5.15 问题 $F(1,1)|p_{ij}^S = p_i^S | V^M(v_{ik},\infty)$, $fdep|h|\gamma$ 可以在多项式时间

$O\left((P+t)\prod_{i=1}^{h}n_i^2\right)$ 内求得最优解。

证明: 该证明部分与定理5.11类似,略去。

定理5.16 问题 $F(1,1)|p_{ij}^S=p_i^S=p_i^M=p_i|V^M(v_{ik},\infty),fdep|h|\gamma$ 与问题 $F(1,1)|p_{ij}^S=p_i^S,p_i^M=p^M|V^M(v_{ik},\infty),fdep|h|\gamma$ 都可以在多项式时间 $O\left(\prod_{i=1}^{h}n_i^2\right)$ 内求得最优解。

证明: 该证明部分与定理5.11类似,略去。

5.6 实际数据算例分析

在本节中,主要通过收集实际数据验证研究假设的算法。实验用Matlab R2014a开发算法程序,运行在1.8 GHz Intel Core 4 CPU和8GB内存的计算机上,首先在5.6.1小节介绍企业实际应用的经验式决策的方法,在5.6.2小节介绍实际数据,并将本章提出的算法与企业实际应用的经验式决策的方法做对比,验证算法的有效性。

5.6.1 企业实际应用的经验式决策方法

H公司首先构造产品生产计划,而后构造交付计划。生产计划包括订单分批以及加工顺序等步骤,首先根据每个订单所在地的位置和所在地大致分布人工对订单划分,对划分的类来说,按照最早订单完成时间的顺序依次在两台机器上加工。至于交付计划,有三种交付模式,分别是空运、货运和海运。选择交付模式的原则是"保证在约定交货时间前交付的前提下选择运费最便宜的方式"。

5.6.2 算法性能对比

随机选取企业四天的生产-交付汇总表,以该表中的信息为输入,从而比较本章提出的启发式算法和经验式决策方法的好坏。数据描述如下:

(1) 生产信息,包括生产的订单数量、订单中产品的数量、每件产品每道工序的加工时间以及加工地点。

(2) 交付信息,包括运输模式、运输容量、运输单价以及事先约定的最晚交付时间,由于部分订单没有提供这类信息,默认为任何时间皆可。表5.2是选取某一天的部分交付信息表。

(3) 库存信息,包括库存时间(若没有存放至仓库,则此项记为0)。

表5.2 生产-交付汇总

订单	产品	数量(件)	库存时间(天)	最晚交付时间	运输方式
订单1	A,B,C,D	4	1	2018.8.13	货运
订单2	A,D,F	3	2	2018.8.13	货运
订单3	C,D,E	3	0	2018.8.13	空运
订单4	A,C	2	0	2018.8.13	货运

为了更合适地比较所提算法和经验式决策方法,设置库存成本为20元/天,超期成本25元/件。图5.2是算法RVBP和企业实际采用的经验式决策方法之间的目标函数的相对比值,计算方式是:(经验式决策得到的目标函数值−RVBP算法得到的目标函数值)/经验式决策得到的目标函数值。由表可知,RVBP算法的目标值都低于企业采用的经验式决策的成本,分别降低了13.5%、13.7%、6.3%和11.1%。

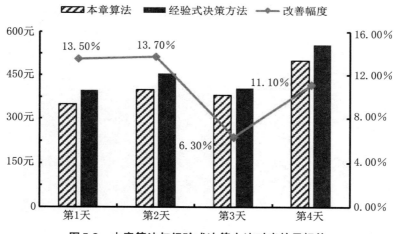

图5.2 本章算法与经验式决策方法对应的目标值

5.7 总结与展望

在本章中,考虑产品的生产问题涉及三个部分:一个供应商、一个制造商和h个消费者,每个消费者都有一个订单,且由一组特定的工作加工完成。这些工作首先由供应商在机器上进行部分加工,然后运输给制造商,再由制造商在机器上加工已被部分处理的作业并由运输商运送给顾客。这些运输商有固定的交货时间,其运输能力可以是有限的也可以是无限的。完成的工作要么在运输之前暂时保留在临时仓库中,要么立即运输给消费者。如果它被保存在一个临时仓库中,那么库存成本与库存时间成正比。每个作业都与一个交货日期相关联,并且延迟交货是不被接受的。目标是确定一个集成调度运作表来处理预定作业,必要时将完成的产品保存在仓库中,并将其运送给消费者,以使延迟交货产品的加权数量、库存成本和运输成本的加权总和最小。对于运输商的运输能力,无论是有界还是无界,研究的结果都表明当 h 是任意的时,问题是强 NP-hard 问题,当 h 是固定时,它是一般意义上的 NP-hard 问题。研究还注意到了一些特殊情况,通过获得其计算复杂性状态,并开发具有较低运行时间的伪多项式或多项式时间的算法,主要结果总结在表 5.1 中。研究也运用企业实际数据,将算法与企业实际应用的经验式决策方法做对比,数值结果显示算法可有效地降低企业的成本,平均降低了 11.2%。

第6章 自动化仓储系统中仓配装一体化产品出入库调度

第5章曾提到,加工完成的产品会暂时保存在仓库中,且要在规定时间内取出并运送到顾客手中。如果仓库的出入库效率较低,将直接导致仓库运作效率很低,且对顾客的体验造成较差的影响。因此在本章中,研究主要关注如何提高仓库系统中产品的出入库调度效率,对象为A公司采用的多出库位置的自动化立体仓库(Automated Storage and Retrieval System with Multiple In-the-Aisle Pick Positions,ASRS-MIAPP)。多出库位置的自动化立体仓库是一种新型的仓储技术,主要包括过道、堆垛机、进出口位置等。和传统的自动化立体仓库(Automated Storage and Retrieval System,ASRS)相比有以下不同。首先,ASRS-MIAPP有两种过道,一种是堆垛机过道,主要用于堆垛机移动,另一种是拣选过道,主要用于拣选人员移动,因此ASRS-MIAPP是半自动化立体仓库,而ASRS只有一种堆垛机过道;其次,ASRS-MIAPP有一个入口和多个出口,其出口分布在最下方的一排货架位置,当堆垛机将待取货物送到出口时,由拣货人员进行拣选,而ASRS只有一个入口和一个出口。最后,ASRS-MIAPP可以有效地将存储和分拣作业集成在一起,而ASRS只能完成整托盘的存储和取出,无法完成分拣任务。本研究考虑当给定一系列存取任务时,如何进行出入库任务的调度以及确定出库任务释放到哪一个出库位置,使得堆垛机完成所有任务的总距离最短。该问题的决策主要包括出入库任务的完成顺序以及出库位置的分配。结果表明,此问题是一个NP-hard问题,因此随着问题规模的扩大,无法在有效时间内获得精确的最优解。但是发现当给定出入库任务的完成顺序后,此问题转化为指派问题。此指派问题可以通过匈牙利算法在多项式时间内得到最优解。根据此性质,研究设计了基于遗传算法和指派问题的两阶段启发式算法,首先生成一系列出入库的顺序,对于每个出入库顺序,可以计算出其对应的成本。接着利用遗传算法选择、交叉和变异等操作寻求高质量解,来解决此NP-hard问题。最后使用大量数据验证,并与CPLEX求解的结果以及企业常用的先到先服务策略进行对比,验证设计的算法的有效性。数值结果显示设计的算法能在很短的时间内获得高质量解,同时,相较于先到先服务策略,平均改善了20%以上。

6.1 仓库系统介绍

多出库位置的自动化立体仓库是一种新型的仓库技术，能有效地改善分拣作业效率低下的问题。与传统的单出入口自动化仓库不同，ASRS-MIAPP在货架底层有多个出库位置，可被视为单入口多出口的仓库系统（如图6.1所示）。ASRS-MIAPP中有两种类型的过道：拣选过道和堆垛机过道。其中拣选过道比堆垛机过道略宽，为取货人员提供移动空间进行货物拣选。ASRS-MIAPP能够有效地将存储和分拣作业集成在一起，减少占地面积，提高空间利用率，降低能量损耗，同时又能减少工人数量，降低人力成本。目前ASRS-MIAPP已得到众多国际知名公司的认可，如Publix Super Markets、Wal-Mart、Walkers以及Ferrero GmbH等。

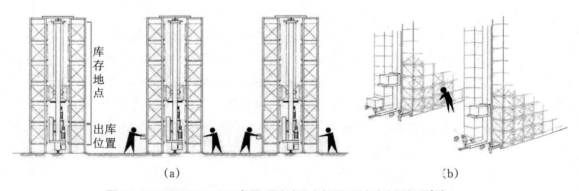

图6.1　ASRS-MIAPP示意图，图(a)为左视图，图(b)为侧视图[83]

在ASRS-MIAPP中，出入库任务的合理调度对整个系统整体运作起着至关重要的作用。当出入库任务的完成顺序安排较差时，堆垛机运作的距离会变大，既延误了完成下一批任务的时间，也延误了出库货物送达顾客的时间，对企业造成不好的影响。同时，将出口货物释放到出口的位置，也会影响到堆垛机完成两个连续任务的运作距离。因此，出入库任务的调度和出库位置的分配，是紧密相连的联合决策问题。然而，随着问题规模的扩大，求解难度急剧上升，如何快速求得最优解或近似最优解至关重要。

本章针对在ASRS-MIAPP中出入库调度顺序与出库位置分配集成优化问题，将原问题分解成为两个子问题：① 找到出入库任务的最优操作顺序；② 在给定操作顺序下，决策如何将出库任务分配给出库位置。为此，本章设计基于遗传算法和指派算法的混合求解算法对模型进行求解，并对计算结果进行对比分析。

6.2 问题描述与模型构建

6.2.1 产品出入库调度问题描述

本章的问题可以描述为:在一个多出口位置的自动化立体仓库中,有一系列货物等待存储,同时还有一系列货物等待被取出。堆垛机既可以每次只完成一个入(或出)库任务,也可以每次先完成入库任务,再完成出库任务。堆垛机操作过程存在以下几个特点:

(1) 入库任务顺序约束:一般来说,需要存放的货物会在传送带上等待堆垛机完成入库任务。由于很难在传送带上改变待存放货物的位置,因此入库任务按照"先到先服务"的模式进行。

(2) 多种出入库路径情形:考虑堆垛机的停顿点策略为停留策略(stay policy),即堆垛机会在完成出库(或入库)任务的位置处停留,等待下一个任务。当完成的任务为入库任务时,堆垛机会停留在完成上架的标准化托盘所在的位置上;当完成的任务为出库任务时,堆垛机会停留在完成出库的标准化托盘所在的出库位置处。因此,堆垛机启动的位置取决于前一个任务。另一方面,堆垛机的作业模式有以下三种:① 单一入库任务:堆垛机从完成上一个任务的停顿点处空载到入口,从入口处将要存放的标准化托盘运送到给定存储位置上。② 单一出库任务:堆垛机从完成上一个任务的停顿点处空载到所需托盘所在位置,从货架上取下并将它运送到某个拣货位置处。③ 复合作业:堆垛机从完成上一个任务的停顿点处空载到入口,将要存放的标准化托盘运送到给定存储位置上,空载到需要取出的托盘所在位置,从货架上取下并将它运送到某个拣货位置处。考虑到停顿点和堆垛机作业模式之间的组合,堆垛机一共有六种可能的移动路径,如图6.2所示。根据出入库任务顺序和出库位置选择,堆垛机会按照相应的路径移动。

本章考虑如何进行出入库任务的调度及确定出库任务释放到哪一个出库位置,使得堆垛机完成所有任务的总距离最短。该问题的决策主要包括出入库任务的完成顺序以及出库位置的分配。

为了方便问题表述和模型建立,对于上述仓储系统,我们有以下假设:

(1) 堆垛机既可以在单一作业下运行,又可以在复合作业下运行。堆垛机的运作能力为每次一个标准化托盘;

(2) 堆垛机可以沿水平方向和竖直方向同时运动,且速度为常数;

(3) 堆垛机的停顿点策略为停留策略,即堆垛机会在完成出库(或入库)任务的位置处停留,等待下一个任务。

系统采用专用存储策略。因此,对于要存放的标准化托盘,其存储位置已知。

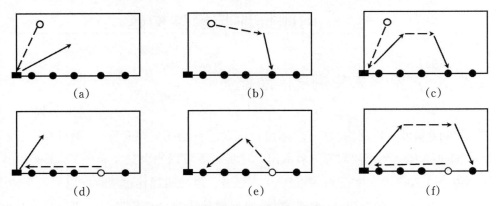

图6.2 堆垛机所有可能的移动路径

注:(a)停顿点在货架上的单一入库任务;(b)停顿点在货架上的单一出库任务;(c)停顿点在货架上的复合作业;(d)停顿点在出库位置处的单一入库任务;(e)停顿点在出库位置处的单一出库任务;(f)停顿点在出库位置处的复合作业。

6.2.2 模型构建

考虑有 m 个入库任务,$n-m$ 个出库任务,以及 K 个出口位置。不失一般性,对任务进行编号,$i=1,2,\cdots,m$ 表示入库任务,$j=m+1,\cdots,n$ 表示出库任务,另定义任务 0 和 T 为虚拟任务,分别表示开始和结束任务;令 S_i 为对应入库任务 i 的位置,R_j 为对应出库任务 j 的位置,O_k 为出口位置 k,I 和 E 分别为对应虚拟任务 0 和 T 的位置。

定义 SS 为入库任务的集合,RR 表示出库任务的集合,则 $J=SS\cup RR$ 表示所有出入库任务(不包含虚拟任务)的集合;定义 L 表示堆垛机停顿点的集合,停顿点只会存在虚拟任务对应位置,或入库任务对应位置,或出口位置,因此 $L=I\cup E\cup(\bigcup_{i=1}^{m}S_i)\cup(\bigcup_{k=1}^{K}O_k)$。

定义 l_k 为出库位置 $k=1,2,\cdots,K$ 到入口的距离;d_{ijkp} 为堆垛机从完成任务 i 后所停留的位置 k,移动到完成任务 j 后所停留的位置 p 的距离,其中 d_{0jIk} 表示堆垛机从入口 I 移动到完成第一个任务所在停留点位置 k 的距离,d_{iTkE} 表示堆垛机从完成最后一个任务 i 所停留位置 k,移动到虚拟任务 T 所在停顿点位置 E 的距离,具体计算公式见表6.1。其中四元数组 (A,B,C,D) 定义为堆垛机从任务 A 移动到任务 B,任务 A 和 B 的停顿点分别为 C 和 D;堆垛机按照切比雪夫距离移动;$(x_i,y_i),(l_k,0)$ 分别是任务 i 和出库位置 k 的笛卡尔坐标。

决策变量定义为:当堆垛机完成任务 i 后立即完成任务 j,同时任务 i 的停顿点为 k,任务j的停顿点为p时,$X_{ijkp}=1$,否则为0。其中X_{0jIp},X_{iTkE}取1时,分别表示第一个任务为j,且停顿点为p和最后一个任务是i,且停顿点是k;任务i完成的次序u_i。

表6.1 不同情形下的距离计算公式

不同情形	d_{ijkp}
$(0, SS_i, I, S_i)$	$\max\{x_i, y_i\}$
$(0, RR_j, I, O_k)$	$\max\{x_j, y_j\} + \max\{x_j - l_k, y_j\}$
(SS_i, T, S_i, E)	0
(RR_j, T, O_k, E)	0
(SS_i, SS_j, S_i, S_j)	$\max\{x_i, y_i\} + \max\{x_j, y_j\}$
(SS_i, RR_j, S_i, O_k)	$\max\{x_i - x_j, y_i - y_j\} + \max\{x_j - l_k, y_j\}$
(RR_i, SS_j, O_k, S_j)	$\max\{x_i - l_k, y_i\} + l_k + \max\{x_j, y_j\}$
(RR_i, RR_j, O_k, O_p)	$\max\{x_i - l_k, y_i\} + \max\{x_j - l_k, y_j\} + \max\{x_j - l_p, y_j\}$
其他情况	∞

于是,多出口位置的自动化立体仓库出入库调度与出库位置分配集成优化模型可以表示为

$$\min \sum_{i \in J \cup \{0\}} \sum_{j \in J \cup \{T\}} \sum_{k \in L} \sum_{p \in L} d_{ijkp} X_{ijkp} \tag{1}$$

$$\text{s.t.} \sum_{j \in J} \sum_{p \in L} X_{0jIp} = 1 \tag{2}$$

$$\sum_{i \in J} \sum_{k \in L} X_{iTkE} = 1 \tag{3}$$

$$\sum_{i \in J \cup \{0\}} \sum_{k \in L} \sum_{p \in L} X_{ijkp} = 1, \ \forall j \in J \tag{4}$$

$$\sum_{j \in J \cup \{T\}} \sum_{k \in L} \sum_{p \in L} X_{ijkp} = 1, \ \forall i \in J \tag{5}$$

$$\sum_{i \in J \cup \{0\}} \sum_{j \in J \cup \{T\}} \sum_{p \in L} X_{ijkp} \leqslant 1, \ \forall k \in L \tag{6}$$

$$\sum_{i \in J \cup \{0\}} \sum_{j \in J \cup \{T\}} \sum_{k \in L} X_{ijkp} \leqslant 1, \ \forall p \in L \tag{7}$$

$$\sum_{j \in J \cup \{T\}} \sum_{p \in L} X_{ijkp} = \sum_{g \in J \cup \{0\}} \sum_{q \in L} X_{giqk}, \ \forall i \in J, k \in L \tag{8}$$

$$u_1 = 1 \tag{9}$$

$$2 \leqslant u_i \leqslant n, \ \forall i \neq 1 \tag{10}$$

$$u_i - u_j + n \sum_{k \in L} \sum_{p \in L} X_{ijkp} \leqslant n - 1, \ \forall i, j \in J \tag{11}$$

$$u_r < u_e, \ \forall r, e \in SS, \ r < e \tag{12}$$

$$X_{ijkp} = 1 \text{ 或 } 0, \ \forall i, j \in J, \ \forall k, p \in L \tag{13}$$

目标函数(1)表示最小化堆垛机完成所有任务的移动距离;约束(2)和(3)确保堆垛机有起始任务和终止任务;约束(4)和(5)表示每个任务的前后均有任务;约束(6)和(7)表示堆垛机在每个停顿位置最多停顿一次;约束(8)表示每个任务对应的停顿点唯一;约束(9)(10)和(11)表示避免产生任务的子回路(而不是路径的子回路);约束(12)表示入库任务按照次序完成;约束(13)给出决策变量的取值范围。

6.2.3 复杂度分析

考虑到特殊情况,即只存在出库任务时,定义两个虚拟任务之间的距离为0,原问题转化成为旅行商问题(travelling salesman problem,TSP),由于TSP问题是个NP-hard问题,原问题也是NP-hard问题。

6.3 两阶段启发式算法

6.3.1 多项式时间求解子问题

本章关注的堆垛机出入库调度与出库位置分配集成问题属于NP-hard问题,随着问题规模的扩大,无法在有效时间内获得精确的最优解。然而,可以在多项式时间内求解一个重要的子问题,即给定入库和出库任务的操作顺序,如何确定各个出库任务对应的出库位置。将此子问题命名为SP,并在之后利用其求解原问题。

定理6.1 SP问题能够转化为指派问题,通过使用匈牙利算法求解指派问题,可以在$O(N^3)$的时间内求解出最优解。

证明:当给定出入库任务的操作顺序后,任意出库任务的下一个任务有三种情况且已知:① 当下一个任务是入库任务时,堆垛机从出库任务的位置出发,移动到出库位置,再空载返回入口;② 当下一个任务是出库任务时,堆垛机从出库任务的位置出发,移动到出库位置,再空载移动到下一个任务的位置;③ 当出库任务为最后一个任务时,堆垛机从出库任务的位置出发,移动到出库位置并结束。引入二分图理念,节点表示为出库任务j和出库位置k。如有必要,可增加虚拟任务使得出库任务和位置的数量相等。任意出库任务均和所有出库位置相连,根据不同情况设置不同的边权重c_{jk},见表6.2(其中q已知)。

表6.2 不同情况下对应的边权重计算公式

不同情形	c_{jk}
j 的下一个任务是入库任务	$\max\{x_j - l_k, y_j\} + l_k$
j 的下一个任务是出库任务 q	$\max\{x_j - l_k, y_j\} + \max\{x_q - l_k, y_q\}$
j 为最后一个任务	$\max\{x_j - l_k, y_j\}$
j 为虚拟任务	0

因此,针对上述问题,可以建立整数规划模型如下:

$$\min \sum_{j \in RR} \sum_{k \in L} c_{jk} y_{jk} \tag{13}$$

$$\text{s.t.} \sum_{j \in R} y_{jk} = 1, \ \forall k \in L \tag{14}$$

$$\sum_{k \in L} y_{jk} = 1, \ \forall j \in RR \tag{15}$$

$$y_{jk} = 1 \text{ 或 } 0 \tag{16}$$

目标函数(13)表示最小化总的边权重;约束(14)和(15)表示出库任务和出库位置一一对应;约束(16)表示决策变量的取值范围。此问题为指派问题,可使用匈牙利算法在 $O(N^3)$ 的时间内获得最优解(其中匈牙利算法的复杂度是 $O(N^3)$)。

注意到SP问题本身也是实践中的一个重要优化问题。对入库任务来说,需要存放的货物会在传送带上等待堆垛机操作,由于很难在传送带上改变待存放货物的位置,因此,入库任务按照"先到先服务"的模式完成;对出库任务来说,因为及时满足客户订单是许多仓库的重要准则,因此出库任务通常根据到期时间排序,此时,出库任务的取货顺序也确定。

6.3.2 两阶段启发式算法

将原问题分解成两个子问题:① 找到出入库任务的最优操作顺序;② 在给定操作顺序下,决策如何将出库任务分配给出库位置。后一个子问题可以通过求解6.3.1小节中的指派问题获得最优解。为此,本章设计基于遗传算法和指派算法的混合求解算法对模型进行求解。具体流程如下:

(1) 编码方式

编码方式为整数编码。入库任务按照先到先服务方式完成,编号为 $1, 2, \cdots, m$;出库任务编号为 $m+1, \cdots, n$。采用一个 n 维序列表示一条染色体,即为子问题1的一个解。其中第 i 维上的数字为 f_i,表示任务 f_i 被第 i 个处理。例如,图6.3(a)表示有6个任务(3个入库任务,3个出库任务)的子问题1的一个解的编码,在此调度方案中,堆垛机按照1-5-4-2-3-6的次序完成任务。

顺序	1	2	3	4	5	6
任务编号	1	5	4	2	3	6

(a)

顺序	1	2	3	4	5	6
任务编号	2	4	5	1	3	6

(b)

图6.3 编码表示,图(a)为可行解,图(b)为非可行解

(2) 生成初始种群

定义种群规模为N_{pop}的初始种群。考虑到入库任务按照先到先服务方式完成,有相对完成顺序的约束,在此基础上产生初始种群。例如,图6.3中的(b)并不是可行解,因为入库任务2先于1完成,违背约束。

(3) 计算个体目标函数

在获得子问题1的解,即入出库任务的操作顺序(记为$A_i, i=1,2,\cdots,N_{pop}$)后,通过6.3.1小节所提出的求解指派问题的方法确定各个出库任务对应的出库位置(记为$B_i, i=1,2,\cdots,N_{pop}$)。当出入库任务顺序、出库任务对应的出库位置均已知时,可计算出目标函数$F(A_i,B_i)$。

(4) 适应度函数

目标函数为求堆垛机完成所有任务运行总距离的最小值,因此采用个体目标函数的倒数作为适应度函数,定义如下:

$$fitness(i)=1/F(A_i,B_i), \quad i=1,2,\cdots,N_{pop}$$

(5) 选择

对每代个体,通过轮盘赌法进行选择,每个个体的选择概率为

$$P(i)=\frac{fitness(i)}{\sum_{k=1}^{N_{pop}}fitness(k)}, i=1,2,\cdots,N_{pop}$$

产生一个在[0,1]之间的均匀随机数,将该随机数作为选择指针确定被选个体。

(6) 交叉操作

采用单点交叉的方法,先从区间$[1,n]$中随机抽取交叉点,子个体Offspring1在交叉点左侧的基因与父个体Parent1在交叉点左侧的基因相同,Offspring1缺失的基因按顺序从父个体Parent2处获得;同理获得子个体Offspring2。由于模型对入库任务有严格的顺序约束,因此,为了避免产生非可行解,在交叉操作完成后增加一个步骤:不改变出库任务的顺序,将入库任务按照编号从小到大的顺序重新排序。

(7) 变异操作

随机产生两个变异点位置,交换两个变异点位置的基因,形成新的染色体。为避免变异产生非可行解,只对两个出库任务,或者不影响入库顺序的一个入库任务和一个出库任务进行变异操作。

6.4 数值分析

实验使用的遗传算法的参数设置如下：种群规模大小 N_{pop} 为 50，最大迭代次数为 100，交叉概率设为 0.8，变异概率设为 0.2。本章制定两个遗传算法终止规则：一是算法的迭代次数达到预设的最大迭代次数时终止，二是当最优目标值保持不变次数达到最大迭代数的三分之一时终止。仓库参数设计选用 Ramtin 等[83]的方法，设置仓库长为 60 m，高为 24 m，托盘大小为 1.2 m×1.2 m。为了验证所建立模型与本章设计的两阶段启发式算法的有效性，对每个算例进行 20 次计算取平均值，并使用 CPLEX 求解模型，通过结果比较来验证算法效率。针对每一个算例，分别用 CPLEX 和研究提出的启发式算法求解，对比 CPU 计算时间和求得的结果。其中 GAP＝(本章算法目标值－CPLEX 目标值)/CPLEX 目标值×100%。记 SN、RN 和 K 分别表示入库任务、出库任务和出库位置的数量，算例结果对比见表 6.3。

表 6.3 算例结果对比

算例	$SN/RN/K$	CPLEX 目标值(m)	CPLEX CPU time(s)	本章算法 目标值(m)	本章算法 CPU time(s)	GAP(%)
1	3/5/5	557	1.07	558	0.15	0.18
2	5/8/10	731	5.23	737	0.59	0.82
3	8/6/10	859	35.72	880	1.27	2.38
4	10/10/15	895	400.39	921	5.83	2.82
5	15/12/15	/	/	1708	20.22	/
6	15/18/20	/	/	1995	48.55	/
7	20/20/20	/	/	2576	77.81	/

注："/"表示 CPLEX 无法在此计算机上求解(内存容量不足)。

基于表 6.3 所示的实验结果，可以得到以下结论：① 当出入库任务数量多于 27 个时，CPLEX 已无法求解，而本章算法在所有算例中均能求出近似最优解，与 CPLEX 求出的最优解最多相差 2.82%。② 研究提出算法花费的 CPU 时间也非常短，求解 20 个任务 15 个出库位置的问题只需 5.83 秒，运算效率远远高于 CPLEX。综上，该算法在效率和有效性两个方面上表现均较好。

6.5 实际数据算例分析

在本节中,主要通过收集实际数据验证研究的算法。实验用 Matlab R2014a 开发算法程序,运行在 1.8 GHz Intel Core 4 CPU 和 8 GB 内存的计算机上。首先在 6.5.1 小节节介绍企业实际应用的经验式决策的方法,在 6.5.2 小节介绍实际数据,并将本章提出的算法与企业实际应用的经验式决策的方法做对比,验证算法的有效性。

6.5.1 企业实际应用的经验式决策方法

A 企业某一地区的仓库首先构造出入库调度方式,而后构造出库任务和出口之间的一一对应关系。为了构造出入库调度方式,将出入库任务按照到达的时间进行升序排列并依次完成,如果某几个任务同时到达,则按照"先入库,再出库"的原则进行操作。接下来为了构造出库任务和出口之间的关系,按照"出库任务到出口的距离加上出口到起始点的距离之和最短"的原则进行操作。

6.5.2 算法性能对比

从 A 企业某一地区的仓库选取 2016 年 6 组出入库数据用于比较本章提出的启发式算法和经验式决策方法的好坏。数据描述如下:

(1) 仓库长 80 m、宽 30 m,单个货架最多容纳 80 个托盘;
(2) 仓库有 20 个出口位置,入口位置位于左下角;
(3) 共 6 组数据,入库任务和出库任务数量的组合分别为 (6,5),(12,13),(15,15),(17,15),(17,20),(19,20)。表 6.4 是对应组合 (6,5) 的出入库任务位置。

表 6.4 出入库任务位置

托盘	指令	托盘位置
托盘 1	入库	第 3 排第 4 列
托盘 2	入库	第 2 排第 5 列
托盘 3	出库	第 4 排第 3 列
托盘 4	出库	第 4 排第 7 列
托盘 5	入库	第 2 排第 14 列

续表

托盘	指令	托盘位置
托盘 6	入库	第 1 排第 16 列
托盘 7	出库	第 5 排第 3 列
托盘 8	出库	第 5 排第 8 列
托盘 9	出库	第 4 排第 2 列
托盘 10	入库	第 2 排第 11 列
托盘 11	入库	第 3 排第 7 列

注：对于入库指令，托盘位置表示托盘的存放位置，如托盘1存放在第3排第4列；对于出库指令，托盘位置表示托盘的取出位置，如托盘3从第4排第3列取出。

表6.5给出了本章提出的启发式算法和经验式决策方法的目标值，其中GAP1＝(经验式决策目标值－启发式算法目标值)/启发式算法目标值×100％。从表格可以看出，相较于企业实际采用的经验式决策方法，本章提出的两阶段启发式算法效率较好，可以最多降低26.90％，平均21.33％的运作时间。

表6.5 启发式算法与经验式决策方法对应的目标值

算例	启发式算法(s)	经验式决策方法(s)	GAP1(％)
(6,5)	867	1023	17.99
(12,13)	1589	1851	16.49
(15,15)	1834	2195	19.68
(17,15)	2007	2457	22.42
(17,20)	2145	2722	26.90
(19,20)	2423	2917	24.51

6.6 总结与展望

本章主要关注了A公司拟采用的一种新型自动化仓储系统，其特征是在货架的底层有多个出口位置以供拣选人员做订单拣选任务。此仓储系统将存储和分拣任务统一于一处，既提高了空间利用率，又降低了能源消耗。本章聚焦于出入库任务调度和出口位置分配问题，需要同时决策出入库任务的顺序以及出库任务与出口位置的匹配。研究提出了求解该问题的混合整数规划模型，并将问题分解成两个子问题：先确定出入库任务的顺序，再在给定顺序的情况下决策出库货物释放到哪一个出库位置。后一个子问题可以在多项式时间内求出最优解，因为此时可以确定任务和位置一对一的关系，计算出出库任务到出库位置所花费的成本,然后求解一个指派问题,此指派问题可以通过匈牙利算法在多项式时间内得到最优解。根据此性质,设计了基于遗传算法和指派问题的两阶段启发式算法,首先生成一系列出入库的顺序,对于每个出入库顺序,可以计算出其对应的成本。接着利用遗传算法选择、交叉和变异等操作寻求高质量解,来解决此NP-hard问题,最后使用大量数据验证,并与CPLEX求解的结果以及企业常用的先到先服务策略进行对比,验证了研究设计算法的有效性,数值结果显示研究设计的算法能在很短的时间内获得高质量解,同时,相较于"先到先服务"策略,平均改善了21%以上。

第7章 仓配装一体化产品配送路线和技术人员调度

随着经济全球化的不断发展,物流业作为第三利润来源,成为企业之间非常重要的竞争区域。当前,众多家居企业选择送货上门与上门安装的一站式物流配送服务,其具体流程是企业首先会收到客户的订单,订单包括产品信息以及预约安装时间信息。随后,企业会将订单按日期归整,对于同一日期要执行的任务,企业需要安排一组具有特定技能的技术人员组成团队来完成;安装不同的家居往往需要不同技能的人员,当人力不足时,企业可以选择第三方外包服务。这种一站式物流配送服务有如下特征:一是每项任务由具有特定技能的技术人员组成的团队完成;二是任务具有软时间窗;三是技术人员需要一定时间进行休息和饮食;四是企业可以选择外包服务。以上四点也是与传统路径配送问题的区别所在。

在本章中,我们主要考虑产品的配送问题。针对交付家居并提供维护服务的A公司子公司X物流公司,解决他们如何将产品交付到不同地理位置顾客时所面临的问题,包括技术人员与团队的分配方案、团队与任务的分配方案以及团队完成任务的路线,并考虑到上述四点特征(软时间窗口、技能要求、午休需求约束和外包选择),从而最小化运营成本,包括旅行成本、违反软时间窗的惩罚成本和外包成本。我们利用自适应大邻域搜索和禁忌搜索的混合算法寻找初始上界,运用修正体积算法来求解拉格朗日对偶,应用双向标注算法求解拉格朗日子问题的最优解,以及两阶段混合启发式算法来提高上界的质量。最后使用大量数据进行数值实验,比较了我们所设计的基于拉格朗日松弛的启发式算法和最先进的MIP求解器CPLEX求解出的结果。数值结果显示,对于大规模问题,我们所提出的算法找到的上界优于CPLEX找到的上界,并且该算法能够在合理的计算时间内,为大规模问题找到高质量的可行解。

7.1 产品配送问题的研究现状

为了保持自身的竞争力,家居企业除了保证自身的产品的价值和质量以外,还需要提供超值服务,如提供送货上门、上门安装的一站式物流配送服务。实践以及理论中,均已指出家居企业面临的配送问题与单纯的路径规划问题有所不同,其主要区别有四个特征,分别是:软时间窗口、技能要求、午休需求约束和外包选择。其中每项任务由具有特定技能的技术人员组成团队完成,任务具有软时间窗口,技术人员需要一定时间进行休息和饮食,企业可以选择外包服务。

在现有文献中,Kovacs等[101]只考虑了外包选项;Zamorano等[102]考虑了硬时间窗的因素,但没有考虑午休要求和外包选项;Chen等[104]考虑了家庭服务领域的多期TRSP问题,却并没有考虑时间窗口、构建团队、外包选项以及午休要求。然而,在实践中,这四个特征都直接影响到产品配送的效率,只考虑部分因素既不全面,也不能很好地描述企业的配送服务面临的实际情况。

为了弥补现有文献对技术人员路线选择和调度问题分析的不足,本章将在同时考虑这四个特征的前提下,确定技术人员与团队、团队和任务的最佳分配,以及团队的最佳路线。在下面的小节中,我们将给出具体的问题以及相应的优化模型。

7.2 技术人员路线选择和调度问题描述

本章考虑的是在软时间窗口和午休需求条件下的技术人员路线选择和调度问题。主要针对交付家居并提供维护服务的商家,解决他们在改善服务和规划如何将设备交付到不同地理位置分销商时所面临的问题。由于这些服务是提供给客户的,所以需要根据客户的需求来规划技术服务团队。

具体来说,给定服务时间范围(通常是一天),对于一批任务,需要一组具有特定技能的技术人员组成团队来完成,同时每一个任务都要求相关服务人员的技能等级达到一定水平。我们考虑存在多个设备交付和维护服务提供商,他们各自的位置都对应仓库的位置,在每一个仓库中有一组拥有不同领域技能和不同技能等级的技术人员。在交付和维护合同的基础上,服务商与各自的客户在服务时间上达成一致约定。通过此种方式,客户可以设定软时间窗口,也就是允许被服务的时间,在此时间段内可以接受技术人员团队的服务。此外,交付和维护合同规定,如果技术人员团队在最早的开始时间之前或者在最晚的开始时间之后服务客户,将会产生惩罚成本,它与提前时间或者延迟时间成正比。另外,客户被服务的提前时间与延后时间不能超过一定界限。

给定服务时间范围,来自同一家仓库的技术人员被分成不同团队,团队的资质取决于组员的综合资质,然后在考虑请求与团队资质匹配的情况下,团队被派去访问客户。团队从仓库出发,并且要在仓库关门之前返回。由于每个技术人员通常一天工作6—8小时,然而他们都必须有一段时间进行休息和饮食,所以设定一个午休时间窗口和午休时长。此外,由于技术人员的数量和每个技术人员的工作时间都是有限的,在某些情况下,服务商的服务能力不能够满足所有客户的需求。例如,一些客户在任何可行的服务解决方案中都无法得到服务。然而,没被访问到的客户也得有技术人员提供服务,这时就需要以额外的成本将服务外包给第三方。

我们从三个方面确定最优调度计划:① 技术人员与团队的分配;② 考虑在满足任务请求和团队资质匹配的情况下团队与任务的分配;③ 制订团队执行各自任务的路线。通过此计划要实现的目标是最小化运营成本,包括旅行成本、软时间窗口违反成本和外包服务成本。

本节中,我们将对在软时间窗口和午休需求条件下的技术人员路线选择和调度问题(Multi-depot Technician Routing and Scheduling Problem With Soft Time Windows and Lunch Break Requirements,简称 MTRS 问题)进行描述。将 $G=(N \cup H, A)$ 视为有向图,节点集合中包含代表客户任务的集合 N 和代表仓库的集合 H,它们分别对应客户和服务商的位置。$A=\{(i,j)|i,j \in N \cup H, i \neq j\}$ 代表了弧集,每一个弧集 $(i,j) \in A$ 对应了一个非负的旅行成本 c_{ij} 和非负的旅行时间 t_{ij}。每一个节点 $i \in N$ 都有一个对应的服务时间 s_i。设定一个硬时间窗口 $[E_i, D_i]$ 和软时间窗口 $[e_i, d_i]$,并且 $[e_i, d_i] \subseteq [E_i, D_i]$,对任务 i 的服务必须在区间 $[E_i, D_i]$ 中开始。一个服务团队允许在任务处等待,以便在硬时间窗口范围内提供服务。而对于软时间窗口,我们规定如果对任务 i 的服务在软时间窗口内进行,则没有惩罚费用,否则就要收取一笔线性的惩罚费用,惩罚系数 β_i 与延迟时间成正比例。设 T_i 表示客户 i 服务的开始时间,则惩罚项 $\pi(T_i)$ 可以被定义为:

$$\pi(T_i) = \begin{cases} 0, & e_i \leqslant T_i \leqslant d_i \\ \beta_i(T_i - d_i), & T_i > d_i \end{cases}$$

我们接下来定义可行弧集为 $A=\{(i,j)|(i,j) \in N \cup H \times N \cup H: i \neq j, E_i + s_i + t_{ij} \leqslant D_j\}$,并且不失一般性,假设对于任意 $h \in H, E_h = s_h = e_h = 0$ 以及 $D_h = d_h = C$ 代表任意技术人员最早离开时间和最迟的返回时间,C 表示仓库的关闭时间。

定义 $M_h(h \in H)$ 为在仓库 h 附近的技术人员集合,每一个技术人员在不同的技术领域 $s \in S$ 中有不同的专业技能等级 $l \in L$。类似 Cordeau 等[100]和 Kovacs 等[101]提出的观点,技能需求表示为 p_{isl},如果一个任务需要在专业领域 $s \in S$,技能等级至少为 $l \in L$ 的技术人员服务,则 p_{isl} 取值为 1。技术人员资质用 q_{msl} 表示,如果技术人员 m 在技能领域 $s \in S$ 有着至少等级 $l \in L$ 的专业技能,则 q_{msl} 取值为 1。只有来自同一个仓库的技术人员,才能组成一个人数为 δ 的团队。团队成员的综合资质必须达到每一个任务的要求,并且如果团队的资质要求高于任务所需的资质水平,也不会收取任何额外费用。午休时间需要安排在计划范围内,根据美国的服务规范[110],可以在任意的时间区间 $[e_b, d_b]$ 内安排一个时间为

lb 的午休时间。我们假设团队在任务点服务的工作时间不能被午休时间所打断。最后，如果团队不能够完成一个任务 i，则可以通过花费成本 o_i 来请求外包服务。

一个属于仓库 $h \in H$ 的团队的路线是 $r = (o_h, r_1, \cdots, r_k, o'_h)$，其对应的时间向量是 $(T_1, \cdots, T_{k+1})$，其中 $o_h = o'_h = h$ 代表了路线的开始和终点均为仓库，$r_l \in N, l = 1, \cdots, k$。$T_l(l=1,\cdots,k+1)$ 代表了任务 r_l 的服务开始时间，并且所有的团队在时间 0 的时候离开他们的仓库。路线是可行的当且仅当 $T_{k+1} \leqslant C$ 并且对每一个任务 i 的服务都是在时间窗口 $[E_i, D_i]$ 内进行，其中 C 代表了仓库的关闭时间。路线 r 的成本定义如下：

$$C_r = \sum_{l=1}^{k+1} C_{r_{l-1}, r_l} + \sum_{l=1}^{k} \beta_i \max\{T_l - d_{r_l}, 0\}$$

MTRS 问题是为了找到一组可行的路线，这样每个任务要么被一个团队承担，要么采用外包服务。其目标是总旅行成本和外包成本的总和最小。

为了用更正式的方式对 MTRS 问题建模，我们引入决策变量：

$$x_{ijr} = \begin{cases} 1 & \text{团队 } r \text{ 经过弧 } (i,j) \\ 0 & \text{否则} \end{cases}, \forall (i,j) \in A, r \in \Gamma_h, h \in H;$$

$$y_{ir} = \begin{cases} 1 & \text{团队 } r \text{ 负责任务 } i \\ 0 & \text{否则} \end{cases}, \forall i \in N, r \in \Gamma_h, h \in H;$$

$$z_i = \begin{cases} 1 & \text{任务 } i \text{ 被外包} \\ 0 & \text{否则} \end{cases}, \forall i \in N;$$

$$u_{mr} = \begin{cases} 1 & \text{技术人员 } m \text{ 被分配到团队 } r \\ 0 & \text{否则} \end{cases}, \forall m \in M_h, r \in \Gamma_h, h \in H;$$

$$v_{ir} = \begin{cases} 1 & \text{团队 } r \text{ 在进行任务 } i \text{ 之前休息} \\ 0 & \text{否则} \end{cases}, \forall i \in N, r \in \Gamma_h, h \in H;$$

T_{ir} = 团队 r 在处理任务 i 的开始时间，$\forall i \in N, r \in \Gamma_h, h \in H$；
Tb_r = 团队 r 的午休开始时间，$\forall r \in \Gamma_h, h \in H$；
WC_{ir} = 团队 r 处理任务 i 时相对时间点 e_i 的延迟时间，$\forall i \in N, r \in \Gamma_h, h \in H$

给定以上的参数和变量，问题就可以写成如下的混合整数线性规划模型：

$$\text{Minimize} \sum_{h \in H} \sum_{r \in \Gamma_h} \sum_{(i,j) \in A} C_{ij} x_{ijr} + \sum_{h \in H} \sum_{r \in \Gamma_h} \sum_{i \in N} \beta_i WC_{ir} + \sum_{i \in N} o_i (1 - \sum_{h \in H} \sum_{r \in \Gamma_h} \sum_{(i,j) \in A} x_{ijr})$$

有以下约束条件：

(1a) $\sum_{h \in H} \sum_{r \in \Gamma_h} \sum_{(i,j) \in A} x_{ijr} + z_i = 1, \forall i \in N$；

(2a) $\sum_{j \in N \cup \{o_h\}} x_{o_h jr} = \sum_{j \in N \cup \{o'_h\}} x_{io'_h r} = 1, \forall r \in \Gamma_h, h \in H$；

(3a) $\sum_{j\in N\cup\{o'_h\}} x_{ijr} = y_{ir}, \forall i\in N, r\in \Gamma_h, h\in H;$

(4a) $\sum_{j\in N\cup\{o'_h\}} x_{ijr} - \sum_{j\in N\cup\{o_h\}} x_{jir} = 0, \forall i\in N, r\in \Gamma_h, h\in H;$

(5a) $\sum_{i\in N\cup\{o_h\}\cup\{o'_h\}} v_{ir} = 1, \forall r\in \Gamma_h, h\in H;$

(6a) $v_{jr} = y_{jr}, \forall j\in N, r\in \Gamma_h, h\in H;$

(7a) $T_{ir} + (t_{ij}+s_i)x_{ijr} \leqslant T_{jr} + (1-x_{ijr})D_i, \forall (i,j)\in A, r\in \Gamma_h, h\in H;$

(8a) $Tb_r + \text{lb}\, v_{jr} \leqslant T_{jr} + (1-v_{jr})D_b, j\in N\cup\{o'_h\}, r\in \Gamma_h, h\in H;$

(9a) $T_{ir} + (t_{ij}+s_i+\text{lb})(x_{ijr}+v_{jr}-1) \leqslant T_{jr} + (2-x_{ijr}-v_{jr})D_i, \forall (i,j)\in A, r\in \Gamma_h, h\in H;$

(10a) $T_{ir} + s_i(x_{ijr}+v_{jr}-1) \leqslant Tb_r + (2-x_{ijr}-v_{jr})D_i, \forall (i,j)\in A, r\in \Gamma_h, h\in H;$

(11a) $E_i y_{ir} \leqslant T_{ir} \leqslant D_i y_{ir}, \forall i\in N, r\in \Gamma_h, h\in H;$

(12a) $E_b y_{jr} \leqslant Tb_r \leqslant D_b y_{jr}, \forall j\in N\cup\{o'_h\}, r\in \Gamma_h, h\in H;$

(13a) $T_{o'_h r} \leqslant C, r\in \Gamma_h, h\in H;$

(14a) $\sum_{r\in \Gamma_h} u_{mr} \leqslant 1, \forall m\in M_h, h\in H;$

(15a) $\sum_{m\in M_h} u_{mr} = \delta, \forall r\in \Gamma_h, h\in H;$

(16a) $p_{isl} y_{ir} \leqslant q_{msl} u_{mr}, \forall s\in S, l\in L, i\in N, r\in \Gamma_h, h\in H;$

(17a) $e_i - T_{ir} \leqslant EC_{ir} + (1-y_{ir})e_i, \forall i\in N, r\in \Gamma_h, h\in H;$

(18a) $T_{ir} - d_i \leqslant WC_{ir} + (1-y_{ir})D_i, \forall i\in N, r\in \Gamma_h, h\in H;$

(19a) $x_{jkr}, y_{ir}, z_i, u_{mr}, v_{ir} \in \{0,1\}, \forall i\in N, (j,k)\in A, m\in M_h, r\in \Gamma_h, h\in H。$

$T_{jr}, Tb_r, EC_{ir}, WC_{ir} \geqslant 0, \forall i\in N, j\in N\cup\{o'_h\}, r\in \Gamma_h, h\in H。$

目标函数最小化了包括旅行成本和外包成本的运营成本。约束集(1a)确保每个任务要么被分配给团队,要么被外包。约束集(2a)保证每个团队的日常路线从原点仓库开始,到终点仓库结束。约束集(3a)和(4a)规定,如果一个任务被分配给一个团队,这个团队必须先进入任务位置。约束集(5a)确保每个团队在任意路线上都需要休息。约束集(6a)保证只有在一个任务被团队访问后,团队才可以休息。约束集(7a)定义了每个任务的服务开始时间。约束集(8a)确保只有在前一个任务完成后,团队才能服务下一个任务。约束集(9a)和(10a)对午休时间及其相邻任务施加约束。约束集(11a)—(13a)定义了客户、技术人员和午休时间的时间窗口。约束集(14a)确保技术人员最多被分配到一个团队。约束集(15a)给出每个团队的技术人员数量。约束集(16a)确保每个技术人员只能分配给一个团队,该团队由至少具备所需技能水平的技术人员组成。约束集(17a)

和(18a)分别定义任务的提前时间和延迟时间。最后,约束集(19a)定义了决策变量的可行域。

值得一提的是,MTRS问题的一个特例是考虑时间窗口的车辆路径问题中有固定车队大小的车辆路径问题。找到一个可行解也已被证明是NP-hard问题[126,127]。这意味着我们不能使用精确的方法完全解决现实中的实例。因此,在下一节中,我们可以设计一个基于拉格朗日松弛的启发式算法进行求解。

7.3 基于拉格朗日松弛的启发式算法

基于拉格朗日松弛的启发式算法被视为一种分布式优化方法,通过放松若干约束,将原问题分解为子问题,进而有效地得到近似最优解。更重要的是,MILP模型(混合整数线性规划模型)的结构适合采用拉格朗日松弛。利用这种结构,将复杂约束集(1a)通过目标函数向量拉格朗日因子 μ 进行松弛和二元化。由拉格朗日松弛后产生的问题,称为拉格朗日子问题,如下:

(1b) $L(\mu) = \min \sum_{h \in H} \sum_{r \in \Gamma_h} \sum_{(i,j) \in A} c_{ij} x_{ijr} + \sum_{h \in H} \sum_{r \in \Gamma_h} \sum_{i \in N} \beta_i W c_{ir} + \sum_{i \in N} o_i - \sum_{i \in N} \sum_{r \in \Gamma_h} \sum_{h \in H} \sum_{(i,j) \in A} o_i x_{ijr} + \sum_{i \in N} \mu_i (\sum_{h \in H} \sum_{r \in \Gamma_h} \sum_{(i,j) \in A} x_{ijr} - 1)$

其中,该问题服从约束集(2a)—(19a)。

7.3.1 拉格朗日子问题的解

因为员工组成和团队规模是预先给定的,类似Zamorano等[104]提出的想法,不失一般性,我们假设所有可能的团队配置都是已知的。更具体地说,我们现在定义 $\Gamma_h(h \in H)$ 为仓库 h 中所有技术人员所有可能的团队组合的集合,每一个团队都有 δ 位技术人员。它服从 $|\Gamma_h| = \dfrac{|M_h|}{\delta!(|M_h| - \delta)!}$。接着,我们检查团队 $r \in \Gamma_h(h \in H)$ 的资质是否符合任务的服务需求。如果不符合,我们将 r 从 Γ_h 中删除。因此,技术人员分配到团队的方式可以预先定义,也就意味着技术人员至团队的分配变量 u_{mr} 成为参数。除此之外,我们假设在仓库 h 中 b_h 组不同的团队有着不同的团队资质,设 $\Gamma_h^d = \{r_1, \cdots, r_{b_h}\}$ 表示不同团队的集合。而且,我们假设有 b_k^h 个团队与团队 r_k 有着相同的资质,$k = 1, \cdots b_h, h \in H$,即 $\sum_{l=1}^{b_h} b_k^h =$

$|\Gamma_h|$。设 $N_{(h,r_k)}$ 是团队 r_k 服务的任务集合,弧集 $A_{(h,r_k)}=\{(i,j)|i,j\in N_{(h,r_k)}\bigcup\{o_h,o'_h\},i\neq j\}$。因此拉格朗日子问题可以被重写为

$$(1c) \quad L(\mu) = \min \sum_{h\in H}\sum_{r_k\in\Gamma_h^d} b_k^h L_{(h,r_k)}(\mu) + \sum_{i\in N}(o_i - \mu_i)z_i,$$

其中 $L_{(h,r_k)}(\mu)$ 被定义为

$$(2c) \quad L_{(h,r_k)}(\mu) = \min \sum_{(i,j)\in A_{(h,r_k)}}\left(c_{ij} + \frac{\mu_i+\mu_j}{2} - \frac{o_i+o_j}{2}\right)x_{ijr} + \sum_{i\in N_{(h,r_k)}}\beta_i WC_{ir},$$

满足约束集(2a)—(13a)和(17a)—(18a)。

给定 $h\in H$ 和 $r_k\in\Gamma_h^d$,我们将求解 $L_{(h,r_k)}(\mu)$ 的问题定义为 $LSP_{(h,r_k)}(\mu)$,即在有向图 $\left(N_{(h,r_k)}\bigcup\{o_h,o'_h\},A_{(h,r_k)}\right)$ 上找到可行路线,使得根据方程(1c)求出的旅行成本最小。在接下来的内容中,我们提出了一种基于动态规划的双向标记算法来精确计算 $LSP_{(h,r_k)}(\mu)$,具体方式是通过将标签从起始仓库向前传递,从结束仓库向后传递,与单向过程相比,可以获得相当大的速度提升。我们首先描述向前和向后的标签结构,然后详细阐述标签扩展过程和采用的运算流程,最后提出前后标签合并的方法。

1. 标签结构

在基于动态规划的双向标记算法中,我们将正向状态和逆向状态与图的顶点关联。一个与节点 i 关联的前向状态代表一条从仓库 $o_h(h\in H)$ 到任务 i 的可行访问路线。每一个节点可以与不止一种状态相关联,因为可能有多种可行的路线在此节点结束。每一个标签代表由相同路线生成的所有状态。

与节点 $i\in N$ 相关的前向标签表示为 $L_i^{fw} = (g^{fw}, t^{fw}, a^{fw}, c^{fw}, i)$,其中 i 为最后到达的节点;$g^{fw} = (g^{fw}[j]:j\in N_{(h,r_k)})$ 是 b_k^h 维的0-1向量,当任务 j 已经被标签的部分路线访问过,或者由于与硬时间窗口约束冲突而不能够被此路线访问时,$g^{fw}[j]$ 的值为1;t^{fw} 是对任务 i 的服务开始时间;a^{fw} 代表如果团队在服务客户 i 之前已经完成午休,则值为1,否则值为0;c^{fw} 代表路线的成本,成本是线性的并且凸的,因为它是线性凸函数的和。

同理,与节点 $i\in N$ 相关的后向标签表示为 $L_i^{bw} = (g^{bw}, t^{bw}, a^{bw}, c^{bw}, i)$,代表了一条从任务 i 至仓库 o'_h 的可行的部分路线,其中 g^{bw},a^{bw} 和 c^{bw} 的定义与前向标签类似,t^{bw} 代表从 j 离开的时间。

2. 扩展

动态规划算法迭代地扩展所有可行的前向和后向标签以生成新的标签。前向标签

的扩展对应为从 o_h 至 i 的路线附加一个额外的弧集 (i,j)，以获得一个从 o_h 至 j 的路线；同样的，后向标签的扩展为从 i 至 o'_h 的路线并附加一个额外的弧集 (j,i)，获得了从 j 至 o'_h 的路线。

在前向扩展中，所有标签变量初始都设为 0，搜索仅限于对任意满足 $g^{fw}[j]=1$ 的节点 j。当一个标签 $L_i^{fw}=\left(g^{fw},t^{fw},a^{fw},b^{fw},c^{fw},i\right)$ 由弧集 (i,j) 进行扩展时，有两种情形需要考虑。

情形 1： 当标签经由弧集 (i,j) 进行扩展时团队没有午休。在这种情况下，为了遵守任务 j 的硬时间窗口和仓库关闭时间的约束限制，必须分别满足 $t^{fw}+s_i+t_{ij}\leqslant D_j$ 和 $\max\{t^{fw}+s_i+t_{ij},E_j\}+s_j\leqslant C$。在给出的条件下，新标签 $L_j^{fw}=\left(g'^{fw},t'^{fw},a'^{fw},0,c'^{fw},j\right)$ 生成，满足

(1d) $t'^{fw}=\max\{t^{fw}+s_i+t_{ij},E_j\}$，

(2d) $g'^{fw}[l]=\begin{cases}1 & \text{如果} k=j \text{或者} (l\neq j \text{以及} t^{fw}+s_l+t_{il}>D_l) \\ g^{fw}[l] & \text{否则}\end{cases}$, $\forall l\in N_{(h,r_k)}$,

(3d) $c'^{fw}=c^{fw}+c_{ij}+1/2(\mu_i+\mu_j)-1/2(o_i+o_j)+\beta_j\max\{t'^{fw}-d_j,0\}$。

情形 2： 当标签经由弧集 (i,j) 进行扩展时团队进行午休。在这种情况下，为了遵守午休时间窗口要求、任务 j 的硬时间窗口要求和仓库关闭时间要求，必须分别满足 $t^{fw}+s_i\leqslant d_b$，$\max\{t^{fw}+s_i+t_{ij},E_b\}+lb\leqslant D_j$，和 $\max\{\max\{t^{fw}+s_i+t_{ij},e_b\}+lb,E_j\}+s_j\leqslant C$。除此之外，这种情况下还表明在任务 j 服务进行之前没有进行午休，即 $a^{fw}=0$。在给出的条件下，可以生成一个新的标签 $L_j^{fw}=\left(g''^{fw},t''^{fw},a''^{fw},1,c''^{fw},j\right)$，需要满足

(4d) $t''^{fw}=\max\{\max\{t^{fw}+s_i+t_{ij},e_b\}+lb,E_j\}$

(5d) $g''^{fw}[l]=\begin{cases}1 & \text{如果} l=j \text{或者} (l\neq j \text{以及} t^{fw}+s_l+t_{il}>D_l) \\ g^{fw}[l] & \text{否则}\end{cases}$, $\forall l\in N_{(h,r_k)}$,

(6d) $c''^{fw}=c^{fw}+c_{ij}+1/2(\mu_i+\mu_j)-1/2(o_i+o_j)+\beta_j\max\{t''^{fw}-d_j,0\}$。

后向扩展的更新规则和可行性测试与前向扩展是对称的。向后扩展从时间 C 开始，这是最后仓库可能到达的最晚时间。最后仓库的标签初始化为 $\left(\underbrace{(0,\cdots,0)}_{|N_{(h,r_k)}|},C,0,0,0,o'_h\right)$ 和 $\left(\underbrace{(0,\cdots,0)}_{|N_{(h,r_k)}|},C-lb,0,0,1,o'_h\right)$。搜索仅限于对任意满足 $g^{bw}[j]=1$ 的节点 j。当一个标签 $L_i^{bw}=\left(g^{bw},t^{bw},a^{bw},c^{bw},i\right)$ 由弧集 (j,i) 进行扩展，有两种情形需要考虑。

情形1：当标签经由弧集(j,i)进行扩展时没有午休。在这种情况下，为了遵守任务j的硬时间窗口和仓库关闭时间的约束限制，必须分别满足$t^{bw}-s_i-t_{ji} \geqslant E_j+s_j$和$\min\{t^{bw}-s_i-t_{ji},D_j+s_j\}-s_j \geqslant 0$。在给出的条件下，生成新标签$L_j^{bw}=(g'^{bw},t'^{bw},a'^{bw},0,c'^{bw},i)$，满足

(7d) $t'^{bw}=\min\{t^{bw}-s_i-t_{ji},D_j+s_j\}$，

(8d) $g'^{bw}[l]=\begin{cases} 1 & \text{如果}l=j\text{或者}(l\neq j\text{以及}t^{bw}-s_i-t_{li}<E_l+s_l) \\ g^{bw}[l] & \text{否则} \end{cases}, \forall l \in N_{(h,r_k)}$，

(9d) $c'^{bw}=c^{bw}+c_{ji}+1/2(\mu_i+\mu_j)-1/2(o_i+o_j)+\beta_j\max\{t'^{bw}-s_j-d_j,0\}$。

情形2：当标签经由弧集(j,i)进行扩展时人员午休。在这种情况下，为了遵守午休时间窗口要求，任务j的硬时间窗口要求和服务开始时间要求，必须分别满足$t^{bw}-s_i \geqslant E_b+lb$，$\min\{t^{bw}-s_i-t_{ij},D_b\}+lb \geqslant E_j+s_j$和$\min\{\min\{t^{bw}-s_i-t_{ij},D_b\}+lb,D_j+s_j\}-s_j \geqslant 0$。除此之外，这种情况表明在为客户$i$服务开始之前人员没有午休，也就有$a^{bw}=0$。在给出的条件下，生成新标签$L_j^{bw}=(g''^{bw},t''^{bw},1,c''^{bw},j)$，满足

(10d) $t''^{bw}=\min\{\min\{t^{bw}-s_i-t_{ij},D_b\}+lb,D_j+s_j\}$，

(11d) $g''^{bw}[l]=\begin{cases} 1 & \text{如果}l=j\text{或者}(l\neq j\text{以及}t^{bw}-s_i-t_{li}<E_l+s_l) \\ g^{bw}[l] & \text{否则} \end{cases}, \forall l \in N_{(h,r_k)}$，

(12d) $c''^{bw}=c^{bw}+c_{ji}+1/2(\mu_i+\mu_j)-1/2(o_i+o_j)+\beta_j\max\{t''^{bw}-s_j-d_j,0\}$。

3. 占优检验

由于每个客户允许有多个标签，因此舍弃一些对产生最佳解决方案无贡献的标签，对于提升算法的效率来说至关重要，继而我们采用占优检验来帮助实现这一目标。设$L_i=(g,t,a,b,c,i)$和$L_i'=(g',t',a',b',c',i)$是与任务i关联的两个标签。如果下列条件满足则前者优于后者：

(1e) $g[l] \leqslant g'[l], \forall l \in N_{(h,r_k)}$，

(2e) $t \leqslant t'$，

(3e) $a \geqslant a'$，

(4e) $c \leqslant c'$，

其中至少有一个不等式要求是严格约束的。如果一个标签被占优，它就可以被舍弃；当所有部分都相等，则两个标签都保留。

4. 连接

在基于动态规划的双向标签算法中，前向标签不一定需要传播到仓库 o'_h，后向标签不一定要传播到仓库 o_h。相反，标签只传播到所谓的中点，从而限制了创建标签的总数量。我们需要使用合适的前后标签连接的方法将前后标签串联起来，以获得完整的路线。在基于动态规划的双向标签算法中，我们将时间作为关键资源，只对消耗时间资源小于 $C/2$ 的前向和后向标签进行扩展，也就是满足 $t^{fw} < C/2$ 或 $t^{bw} > C/2$。

当满足以下条件后，一个前向标签 $L_i^{fw} = (g^{fw}, t^{fw}, a^{fw}, c^{fw}, i)$ 和一个后向标签 $L_j^{bw} = (g^{bw}, t^{bw}, a^{bw}, c^{bw}, j)$ 可以连接在一起成为一个完整的可行路线：

(1) $N(L_i^{fw}) \cap N(L_j^{bw}) = \varnothing$，

(2) $a^{fw} + a^{bw} = 1$，

(3) $t^{fw} + s_i + t_{ij} + s_j \leqslant t^{bw} N(L_i^{fw})$。

如果 $b^{fw} = 0$，同时 $\max\{t^{fw} + s_i + t_{ij}, E_b\} + lb + s_j \leqslant t^{bw}$。

如果 $b^{fw} = 1$，其中 $N(L_j^{fw})$ 和 $N(L_j^{bw})$ 分别对应标签 L_i^{fw} 和 L_j^{bw} 代表的路线中所进行的任务。

设 L_i^{fw} 和 L_j^{bw} 分别对应最后访问节点 i 的前向路线标签集合和最后访问节点 j 的后向路线标签集合。在这些假设下，我们提出基于动态规划的双向标记算法的伪代码，具体见附录2.1。

接下来我们说明算法1能给出最优解的证明，并提供计算复杂度。

定理7.1 算法1能够在 $O(n^2 4^n C^2)$ 的时间内求解出 $LSP_{(h,t_k)}(\mu)$ 问题的最优解。

证明：在每次迭代中，算法生成所有可能的标签 $(g^{fw}, t^{fw}, a^{fw}, c^{fw}, i)$ 以及 $(g^{jw}, t^{jw}, a^{jw}, c^{jw}, j)$。通过占优检验，只有非占优的标签会被删除，因此 L_i^{fw} 和 L_j^{bw} 始终保留着在最终的最佳路线中可能完成的标签。因此，在连接过程之后，最后一行会产生最优的路线。

现在我们考虑算法的时间复杂度。在基于 L_i^{fw} 的标签的扩展程序迭代开始时，所有可能的标签 $(g^{fw}, t^{fw}, a^{fw}, c^{fw}, i) \in L_i^{fw}$ 的总数量可以通过以下方式计算：对于 g^{fw} 最多有 2^n 个可能的值，对于 t^{fw} 最多有 C 个可能的值，对于 a^{fw} 最多有 2 个可能的值。根据前文中描述的占优检验，关于 $g^{fw}, t^{fw}, a^{fw}, c^{fw}$ 不同组合的总数量的上界是 $2^{n+1}C$，因此，在占优检验后根据 L_i^{fw} 生成的新标签的数量最多为 $O(2^n C)$。因此，在最多 n^2 步迭代后，第3—19行的程序运行需要 $O(n^2 2^n C)$ 的时间。同样的，第20—36行的程序运行也需要 $O(n^2 2^n C)$ 的时间,连接的步骤需要 $O(n^2 4^n C^2)$ 的时间。因此,算法1所花费的总时间复杂度为 $O(n^2 4^n C^2)$。

7.3.2 修改后的体积法

对于任意拉格朗日对偶因子 μ 对应的拉格朗日子问题的解,都是MTRS问题的下界。而为了获得最好的下界,我们必须求解拉格朗日对偶问题(1f) $z^* = \max_{\mu} L(\mu)$。

拉格朗日对偶问题是凹的且不可微的,因此需要采用一个非光滑优化方法来解,如子梯度法、切面法、分析中心法和束方法。所有的这些方法都有优缺点,它们的效率取决于要解决的问题的性质。例如,子梯度方法因其简单性而为人所知,但它也缺乏符合定义的停止条件并且难以得到原始变量的值。另一方面,束方法具有鲁棒性和精确性等优势,但是在每次迭代中都需要一个(可能比较重要的)二次规划的解。为了克服子梯度法的缺点,Barahona等[128]提出了体积算法(VA),其作为一种类似子梯度方法,产生一个近似的初始解决方案并给出了一个更好的停止标准。在本章中,我们采用了Bahiense等[129]提出的改进的体积算法(RVA),试图结合子梯度法和束方法的最佳特性。为了产生一个对偶解,修正体积算法通过求解拉格朗日子问题生成采样点 μ_k,而 μ_k 取决于:一个给定的稳定性中心 $\hat{\mu}^k$,一个确定的步长 s^k 和超梯度的凸组合 d^k。

稳定性中心是一个特殊的采样点,为优化过程提供了"足够好的"改进,如 $\{\hat{\mu}^k\}$ 是从 $\{\mu^k\}$ 中选出的一个稳定性中心子集。原始的解决方案近似于过去原始点的凸组合 X_k,而用来计算凸和的系数和计算 w^k 的系数相同。我们采用了三种停止标准:最大迭代次数和最大的CPU时间限制、下界和上界之间的相对差距以及提升措施。

采用Barahona等[128]、Bahiense等[129]和Frangioni等[130]提出的算法思想,我们在接下来的工作中构造了一种改进的体积方法,并给出了主体部分的细节描述,包括如何生成初始可行解以获得初始上界,以及如何利用算法执行期间生成的近似原始解构造一个可行解。基于拉格朗日松弛的启发式算法的伪代码具体可见附录2.2。

7.3.3 基于拉格朗日解的上界生成

为MILP找到一个好的可行解是我们提出的基于拉格朗日的启发式算法的重要组成部分。其中,良好的上界可以帮助加速算法收敛。但是,由于包含了离散的决策变量以及采用的停止标准的特点,基于拉格朗日松弛的启发式算法的返回解 X^i 对原问题来说往往是不可行的,例如约束集(1a)可能不能被满足,因为0-1变量 $y_{ir} = \sum_{j \in N \cup \{O'_n\}} x_{ijr}$ 和 z_i 有可能是分数。为了获得基于 X^t 的高质量可行解,我们提出了一个两阶段混合启发式算法,主要思想如下:在通过拉格朗日松弛启发式算法返回解 X^t 后,首先采用一个可恢复可行解的算法,将解 X^t 转化为一个可行解。紧接着,我们将此解作为初始解,提出一个禁忌搜索算法来获得更好的可行解。我们在下文中会对所涉及的恢复可行解算法以及禁忌搜索算法进行详细的介绍。

7.3.4 恢复可行解的算法

给定拉格朗日启发式算法得到解 X^t,我们可以得到任务的处理方式,如将任务分配给某一个团队以及确定团队的服务路线,或者直接采用外包方式。由于迭代规则以及分配的约束集(1a)被松弛了,因此约束集(1a)可能被违反,例如0-1变量 y_{ir} 和 z_i 可能是分数。

为了从 X^t 中获得整数的可行解,我们提出了一种包含两个步骤的启发式算法。

第一步,我们从 X^t 中构造一个整数解。或者更确切地说,对于每一个 $i \in N$,我们将在 $\bigcup_{h \in H} \bigcup_{r \in \Gamma_h} \bigcup_{j \in N \setminus \{i\}} \{x^t_{ijr}\}$ 中选择分数值不小于0.8的变量设为1,而其他分数变量设为0。令 $I_r(r \in \Gamma_h, h \in H)$ 表示在此整数解下团队 r 所要进行的任务的集合。接下来,我们通过拼接每个团队 $r(r \in \Gamma_h, h \in H)$ 所覆盖的部分路线来构建完整的路线。在拼接过程中,当 i 和 j 分别是部分路线的终点和起点时,我们设置 $x^t_{ijr} = 1$。另外,如果 $\sum_{h \in H} \sum_{r \in \Gamma_h} \sum_{j \in N} x_{ijr} = 0$,则我们将采用外包的方式来处理任务 i。

第二步,我们将从第一步获得的解中提取一个整数可行解。由于约束集(1a)被松弛以及第一步构建路线策略的限制,将任务分配到团队的选择可能正好满足,或者过分满足。如果我们把采用外包服务的任务视为一条路线,这意味着任务可能被分配到一条路线中,没被分配或被分配到不止一个路线中。因此,所有客户的集合可以被分成两个子集,Λ_1 和 Λ_2 分别代表任务正好满足和过分满足的任务集合。

$$(1g) \quad \Lambda_1 = \left\{i : \sum_{h \in H} \sum_{r \in \Gamma_h} \sum_{j \in N} x_{ijr} \leqslant 1\right\};$$

$$(2g) \quad \Lambda_2 = \left\{i : \sum_{h \in H} \sum_{r \in \Gamma_h} \sum_{j \in N} x_{ijr} > 1\right\}.$$

为获得一个整数可行解,我们首先从冗余路线中移除 Λ_2,用于获得一个整数可行解的启发式程序由以下步骤组成:

(1) 安排请求刚好满足的客户。对每一个客户 $i \in \Lambda_1$，我们以最廉价的方式安排 i，如将 i 插入到某个路线中最廉价的位置，或者将 i 添加到外包客户集中。我们设 $f_\triangle(i,r)$ 表示在路径 r 中最廉价位置插入 i 后的目标函数值变化，如果客户 i 不能被插入路线 r 则 $f_\triangle(i,r) = +\infty$。我们选择了一个路线 r^*，满足 $r^* = \arg\min_{r \in R_i} f_\triangle(i,r)$，$R_i$ 包括拥有为客户 i 服务资格的团队的所有路线。如果 $f_\triangle(i,r^*) < o_i$，我们将 i 插入到路线 r^* 中最廉价的位置；否则我们将 i 加入到外包客户集中。

(2) 从路由或外包客户集中删除请求过度满足的客户。对于每一个客户 $i \in \Lambda_2$，我们以最廉价的方式将 i 从当前路线或者外包客户集中移除。我们设 $f_\triangledown(i,r)$ 表示在路径 r 中移除 i 后的目标函数值变化。我们选择一条路线 r^* 满足 $r^* = \arg\max_{r \in O_i} f_\triangledown(i,r)$，在当前整数解决方案中，$O_i$ 包括访问客户 i 的团队的所有路线。如果 $z_i = 0$ 或者 $(f_\triangledown(i,r^*) \geqslant o_i$ 并且 $z_i = 1)$，我们在路线 r^* 中保留 i 并且在 $O_i \setminus \{r^*\}$ 中所有路线中移除 i。另外，如果 $f_\triangledown(i,r^*) < o_i$ 并且 $z_i = 1$，则我们在外包客户集中保留 i，并且在 O_i 的所有路线中移除 i。

可行性恢复程序的伪代码具体见附录2.3。

7.3.5 上界改进：禁忌搜索

禁忌搜索是一种元启发式搜索，它通过结合局部搜索以及内存方案来避免重复产生相同的解决方案[131]。禁忌搜索算法在解决车辆路径问题中表现优异[132,133]。在这一小节中，我们采用了 Archetti 等在其 *Enhanced branch and price and cut for vehicle routing with split deliveries and time windows*[134] 中提出的思想，改进了一种禁忌搜索算法，进一步优化了在上一小节中得到的整数可行解 x^t。改进的禁忌搜索算法包括两项操作：一是从外包任务集中删除任务并将其插入到路线中，二是从路线中删除任务并将其添加到外包任务集中。我们令 O 表示外包客户集，r_r 表示团队 r 的路线，S 表示当前解决方案中所有路线的集合。令 $N(r_r)$ 和 N_r 分别表示被 r_r 访问过的客户集合和可以被团队 r 服务的客户集合。给定路线 r_r，r_r 的相邻节点有以下两种变化：

(1) 删除-插入：考虑一个任务 $i \in O$，从 O 中删除任务 i 并且将任务 i 插入 r_r 中最合适的位置。这种方式得到的路线以 $r_r + i$ 表示。

(2) 移除-加入：考虑一个任务 $i \in N(r_r)$，将它从 r_r 中移除并插入到 O 中。这种方式得到的路线以 $r_r - i$ 表示。

设 $f_\triangle(r_r + i)$ 和 $f_\triangle(r_r - i)$ 分别表示在上述两种操作后的目标函数值变化值，并且

$c(x^r)$ 代表解决方案 x^r 的总成本。我们所改进的禁忌搜索算法伪代码具体可见附录2.4。

在内部循环(禁忌搜索阶段)的每次迭代中,满足最优移动的任务 i 被存储为 i^b,生成的路线被存储为 r^b。如果 i^b 从 r_r 中移除,i^b 就被加入禁忌列表 TL_{r-a},并且将 i^b 插入到当前路线中的过程就变成了禁忌。相似的,如果 i^b 插入了 r_r 且,那么 i^b 就被加入禁忌列表 TL_{d-i},并且将 i^b 从当前路线中移除的过程就变成了禁忌。两个禁忌列表中的每个顶点仍旧保留在迭代次数等于 $mTB + |\theta + U(\sqrt{n})|$ 的列表中,其中 mTB 和 θ 是预定义常量,并且 $U(\sqrt{n})$ 是从区间 $[0,\sqrt{n}]$ 中随机选择的一个数字。在每次迭代结束时,更新禁忌列表。也就是说,在禁忌列表中达到迭代次数的任务将被删除。此外,在内部循环中,我们将按照随机顺序选择执行禁忌搜索的路线。在达到最大地道次数或直到运行时间达到最大时间限制(在外部循环中)时停止循环,并选择最佳的解。

7.3.6 上界改进:带约束的MIP模型

在本小节中,我们添加了一个优化过程,目的是找到与执行RVA(revised volume algorith,改进体积算法)所获得的解决方案相比更优的解决方案。我们将提出两个启发式方法,在已有解决方案的基础上创建一个"更优秀的"可行的解决方案。

第一个启发式方法依赖于我们处理过程中的两个解决方案:一个是现任解决方案 $\bar{S}$,另一个是解决方案 X^r。我们设值为1的0-1变量 y_{ir} 或 z_i 在 $\bar{S}$ 和 X^r 中也为1,设值为0的0-1变量 y_{ir} 或 z_i 在 $\bar{S}$ 和 X^r 中也为0。所产生的完整约束的RLMP被称为子ILP(integer linear programming,整数线性规划),并由MIP求解器求解,这为获得更高质量可行的解决方案提供了机会。所得到的模型被称为受限MIP模型,该模型由MIP求解器求解。

第二个启发式方法依赖于求解拉格朗日对偶问题过程中所收集的信息,它借用了Jena等[115]的思想,用于求解具有广义模块容量的动态设备位置问题。设 n^{Iter} 代表RVA的迭代次数,其中每个迭代产生一个整数可行解,n^{LT} 是拉格朗日启发式算法和禁忌搜索算法重构的整数可行解的个数。设 $n_{ir}^l(resp., n_{ir'}^l)(i \in N, r \in \Gamma_h, h \in H)$ 为 $y_{ir}(resp., z_i)$ 被限制在 $l \in \{0,1\}$ 中的整数可行解的个数。对每一个 $i \in N, r \in \Gamma_h, h \in H$,如果

$$\frac{n_{ir}^l}{(n^{Iter}+n^{LT})} \geqslant pF\left(resp., \frac{n_{ir'}^l}{(n^{Iter}+n^{LT})} \geqslant pFix\right), \ l \in \{0,1\}$$

则 $y_{ir}=1(resp., z_i=1)$。对于参数 pF 使用适当的值,可以将原始模型简化为具有合理内

存需求和计算时间需求的带约束版本,方便在获得的整数可行解中发现有意义的决策。

由此产生的带约束的MIP模型也可能很大,而且很难解决,因此探索必须经常中断,我们通过设置节点限制 nl 来实现中断。这两种启发式方法是按顺序执行的,即如果第一个启发式方法不能找到更好的可行解,则调用第二个启发式方法。

7.3.7 基于自适应大规模邻域搜索和禁忌搜索的元启发式混合算法

我们采用自适应大规模邻域搜索和禁忌搜索的元启发式混合算法来获得高质量的MTRS问题初始可行解。自适应大规模邻域搜索在Ropke等的文章[135]中有所介绍,它扩展于Shaw文章[136]中介绍的大规模邻域搜索方法,通过自适应选择机制在每一次迭代中选择破坏和修复操作。破坏操作是用来删除一组任务,以便在每次迭代搜索时将当前的解决方案分解为多个部分。然后,可以通过修复操作将任务插入到路线中。因此,我们可以探索更大的邻域,并且在搜索过程中能够克服局部最优的问题。基于此,自适应大规模邻域搜索被广泛应用于解决车辆路径问题[101,135,137-146]。

我们提出的算法过程如下:在开始搜索之前,先用贪婪策略创建初始解。然后,使用若干个自适应大邻域搜索的破坏和修复算子提高初始解的质量,根据模拟退火接受准则验收所得到的解。在经过一定次数的自适应大规模邻域搜索迭代之后,执行在上文中提出的禁忌搜索算法,以进一步改进得到的可行解。如果达到了整个迭代的最大次数或在规定迭代次数中解决方案没有获得改进,该算法将停止。算法7概述了我们的元启发式混合算法过程,其中的主要特征将在下面部分详细介绍。具体伪代码见附录2.5。

1. 初始解

为了给所考虑的问题构建一个初始可行解,首先在所有任务各自时间窗口的中心 $(e_i+d_i)/2$ 对其进行排序,其中午休被当作虚构的任务看待。随后,每个团队的初始路线都是沿着起始仓库—午休时间—终点仓库的方向延伸。完成上述这些操作之后,使用以下简单的贪婪策略进行规划。在每次迭代中,我们依次选择一个预先排序的任务 i 并以最方便的方式分配它,即将它以最方便的方式插入到某个路线中,或者将其添加到外包客户集中。

2. 破坏和修复阶段

对于破坏算子,我们使用随机移除、相关移除和最差移除方法。在每个迭代中,ξ 值是从我们当前实现的所有插入请求数量的5%~50%范围之间随机选择。在相关移除的删除操作中,两个任务 i 和 j 之间的相关测量被定义为 $R(i,j) = \alpha c_{ij} + \beta |T_i - T_j| + \gamma |R_i - R_j|$,其中 $T_i(resp., T_j)$ 代表任务 $i(resp., j)$ 被访问的时间,$R_i(resp., R_j)$ 代表为任务 $i(resp., j)$ 服务的团队集合,并且 α, β, γ 分别表示旅行成本、服务启动时间和技能级别要求的权重。最差移除方法和相关移除方法中的破坏算子是随机的。具体地说,给定一个根据所选标准排序的请求列表 L,将排序为 $|L|y^p$ 的请求从其路径中删除,其中 y 是区间 $[0,1]$ 中的一个随机数。重复上述过程,直到 ξ 个任务从它们的路线中被移除。

对于修复操作,我们采用贪婪插入和 k 级后悔插入方法($k \in \{2,3,4\}$),其中 k 级后悔值表示在最佳路线的最佳位置插入任务 i 与在 k-最佳路线中最佳位置插入任务 i 相较于成本发生的变化。

3. 自适应机制

我们根据破坏和修复算子在过去的迭代中的性能来修改选择一对算子的概率,自适应权值的调整通过此概率来评估每个破坏和修复算子对的重要性。所有破坏和修复算子对的初始权重都被设置为1。我们通过分值 s_k 衡量一对破坏和修复的性能 $(h_k^-, h_k^+) \in Drp$。如果一对破坏和修复算子确定了一个新的最优解决方案,则分值增加 ζ_1;如果找到更好的解决方案,则分值增加 ζ_2;如果找到新的较差的解决方案并且根据SA标准接受了此方案,则分值增加 ζ_3。我们将自适应大规模邻域搜索的搜索过程分为 m 次迭代部分,在 m 次迭代后,权重根据 $w_k = (1-\alpha)w_k + \alpha s_k/\beta_k$ 更新,其中光滑系数 $\alpha \in [0,1]$ 决定了最后权重的影响,β_k 代表了破坏和修复算子 (h_k^-, h_k^+) 在之前的环节中使用的频繁程度。选择破坏和修复对 (h_k^-, h_k^+) 的可能性根据 $w_k \Big/ \sum_{(h_j^-, h_j^+) \in Drp} w_j$ 进行计算。除此之外,我们加入了一个噪声项 η,该值在 $[-\psi c_{\max}, \psi c_{\max}]$ 中随机选取。我们定义 $c_{\max}$ 代表任何一对节点之间的最大距离相关成本,ψ 控制加入的噪声数量。在当前迭代中,是否加入噪声的选择控制方式与选择破坏和修复算子的方式相同。

4. 验收标准

我们的大型邻域操作符被嵌入到模拟退火框架中[135]。令 S_b 代表在搜索过程中找到的最佳解,S_c 代表在迭代开始时的当前解,S_n 代表在迭代结束时找到的临时解,该解决方案可以被舍弃或成为当前解。如果 $c(S_n) < c(S_c)$ 那么解决方案 S_n 被接受,如果 $c(S_n) > c(S_c)$,则方案以可能性 $e^{-(c(S_n)-c(S_c))/\hat{t}}$ 被接受,其中 $\hat{t}$ 代表温度。温度初始化设置为 $\hat{t} = -\frac{\hat{w}_t}{\ln 0.5} c(S_i)$,其中 $c(S_i)$ 是初始解 S_i 的目标函数值,$\hat{w}_t$ 是初始化常数,设置为 0.05,表示接受一个比初始解 $c(S_i)$ 差 5% 的解的概率为 0.5。温度 $\hat{t}$ 在每次迭代中减少 0.99975。

5. 局部搜索部分

为了改进自适应大规模邻域搜索生成的可行解,我们使用了之前介绍的禁忌搜索算法,其中禁忌搜索算法迭代 κ 次。自适应大规模邻域搜索算法见附录 2.5。

7.4 数值实验

本部分首先在 7.4.1 小节介绍了问题实例的生成,随后在 7.4.2 小节比较了是否预采用禁忌搜索算法对结果的影响,最后在 7.4.3 小节介绍了我们提出的算法性能。

7.4.1 问题实例

为了评估所提出的算法的性能,且由于我们的问题没有可用的基准数据,我们测试了通过遵循类似于 Kovacs 等[101]描述的方案所生成的实例。这些实例来自著名的 Solomon[126]的 VRPTW(vehicle routing problems with time windows,带时间窗车辆路径问题)基准实例,并分为 6 类。在 R1 类和 R2 类中,任务是随机分布在一个正方形区域中;在 C1 类和 C2 类中,任务是聚类产生的;在 RC1 类和 RC2 类中,任务的分布是混合的。R1、C1 和 RC1 的特点是调度的时间范围比较短,而 R2、C2 和 RC2 的特点在于调度的时间范围比较长,即可以为每条路线分配更多的任务。每个实例包含 90 个任务,并且旅行时间和成本等价于到达相应节点之间的欧几里得距离。

我们考虑 6 种不同规模的实例：50 个任务与 5 名技术人员；60 个任务与 7 名技术人员；70 个任务与 9 名技术人员；80 个任务与 11 名技术人员；以及 90 个任务与 13 名技术人员。其中 50,60,70,80 个任务实例是通过在最后一个实例中只考虑前 50,60,70,80 个任务的生成。在每个实例中，涉及两个仓库，一个对应于 Solomon 实例中的仓库，另外一个仓库通过包含所有任务的最小矩形的均匀概率分布随机生成。技术人员的最长的工作时间等于仓库的最新服务开始时间。每一个任务都对应着一个时间窗 $[e_i, d_i]$，我们设置 $D_i = \min\{d_i + \epsilon(d_i - e_i), C\}$ 和 $E_i = \max\{e_i - \zeta(d_i - e_i), 0\}$，其中 ϵ 和 ζ 是从集合 $\{0.1, 0.2, 0.3\}$ 中随机选择的。进行午休的时间窗口 $[e_b, d_b]$ 设置为 $[4C/9, 5C/9]$。技术人员在两个技能领域中具备 3 种可能的熟练水平，并且配对成大小为 2 的团队。技术人员的资格和任务的技能要求随机生成。在后续处理的步骤中，我们调整任务技能要求的矩阵，保证每个任务都可以由超过一个团队提供服务。

基于初步参数调整实验以及其他作者确定的最佳设置[101,129,134]，在算法 2—4 中使用的参数设置如下：

$\lambda = 0.1, \delta_d = \delta_\epsilon = 0.0001, \varsigma = 0.1, \iota^0 = 1, \iota_f = 6, \iota_p = 0.8, \iota_{min} = 0.0001$ 为对应算法 2 的参数；$\max Io = 5, \max In = 10, \max T = 100 s, mTB = 5, \theta = 1$，为对应算法 3 的参数；$\alpha = 9, \beta = 3, \gamma = 4, p = 3, q = 6, \zeta_1 = 33, \zeta_2 = 9, \zeta_3 = 13, w = 0.1, \psi = 0.025, \max Noi = 10, \max IterI = 10000, k = 10$，为对应算法 4 的参数。

模型成本参数 β_i 和 $o_i (i \in N)$ 与三个子目标相关联。通常来说，时间窗口一般由客户来决定，延迟服务开始时间可能会导致客户的投诉，而这理应被避免，因此 β_i 应该设置得比旅行成本的参数高一点，我们设置旅行成本对应的参数值为 1。此外，在计划期间拒绝任务将大大降低客户满意度，因此 o_i 应该被设置成一种最好是安排一个任务而不是外包的参数。基于此，对于每个任务 $i \in N$，β_i 设置为每分钟 1.5 个货币单位，而 o_i 设置成为 $200 + (\sum_{l \in L} \sum_{s \in S} q_{ls}^i)^{1.5}$，其中 200 是根据实例的地理特征设置的：最长的一条路径所花费的成本为 200，第二项代表任务 i 的难度。

算法实验使用 Matlab R2014a 开发算法程序，IBM ILOG CPLEX 用以求解混合整数规划模型，通过结果比较来验证算法效率。所有实验均运行在 3.4 GHz Intel Core 4 CPU 和 8 GB 内存的计算机上。

7.4.2 禁忌搜索算法的影响

我们首先进行了实验来验证开发的禁忌搜索算法解决问题的效率,并将我们的测试限制在50个任务实例中。特别是,我们提出的基于拉格朗日松弛的包含或不包含禁忌搜索的启发式算法(算法2)会在最多50次迭代,或在最多一小时的CPU时间,或者当上下界之间的差距小于1%的情况下停止,即MaxIter=50,MaxTime=3600 s,ε=0.001。对于包含或不包含禁忌搜索的算法2,我们提供了上界和下界之间的平均差距(Ave. Gap)和最大差距(Max.Gap),以及以秒为单位的平均CPU时间(Ave.Time)。表7.1中的数据按照实例组报告,其中一组包括具有相同任务数且属于同一实例类的实例。

表7.1 是否预先用禁忌搜索算法对结果的影响算例结果

n	Group	No. Inst	Without tabu			With tabu			
			Ave. Gap(%)	Max. Gap(%)	Ave. Time	Ave. Gap(%)	Max. Gap(%)	No.1% Gap	Ave. Time
50	R1	12	8.01	16.04	694.32	4.18	6.74	2	767.66
	C1	9	8.35	16.26	1273.33	6.04	9.17	1	1312.93
	RC1	8	10.79	15.07	228.25	6.49	7.97	0	296.72
	R2	11	8.68	13.87	2680.13	4.89	9.46	2	2563.61
	C2	8	8.59	16.92	618.62	5.24	7.53	0	650.121
	RC2	8	8.57	11.84	2506.60	5.15	7.45	2	2562.48

表7.1所示的结果清楚地表明禁忌搜索算法有助于提高算法的有效性。首先,上界与下界之间的平均差距(Ave.Gap)和最大差距(Max.Gap)减少。其次,更多的实例是通过上下界之间的差距小于1%的方式停止。另外,为了提高可行解的质量而采用的禁忌搜索算法对于计算时间的影响非常小。对于R2和RC2这种最难的实例尤其如此。例如,对于R2实例来说Ave.Gap和Max.Gap相较于不采用禁忌搜索算法分别减少了43.67%和31.79%,而Ave.Time只增加了4.35%;同样,对于RC2实例来说Ave.Gap和Max.Gap相较于不采用禁忌搜索算法分别减少了39.80%和37.08%,而Ave.Time相较于不采用禁忌搜索算法只增加了2.18%。所有的这些观察结果表明,禁忌搜索算法能在很短的时间内改善上界,从而减少上下界差距。

7.4.3 算法性能

我们现在分析求解连续LP松弛问题时的最优性差距,以及当用算法2找到的上界时,报告我们使用CPLEX与算法2求解MILP的计算结果,并评估我们提出的元启发式混合算法(算法5)用于寻找可行的初始解的计算效率。我们测试所有50,60,70,80和90个任务实例。与之前的实验一样,我们设置了迭代次数限制为50和1%最优性停止标准。但是,对于CPU时间的最大限制,我们为50个任务实例设置1小时,为60个任务实例设置2小时,为70个任务实例设置3小时,为80个任务实例设置4小时,以及为90个任务实例设置6小时。计算结果见表7.2。

表7.2报告了以下指标:LP松弛求出的最优解与算法2求出的上界值之间的平均差距(Ave.LGap);使用CPLEX和算法2找到的上界和下界之间的平均差距(Ave. Gap)和最大差距(Max.Gap);算法2找到的下界值与算法5找到的最优解之间的平均差距(Ave.UGap);已求出的1%最优性差距的实例数量(No. of ns),对于CPLEX来说,我们只考虑使用CPLEX能求解出MILP最优解的实例数;以秒为单位的平均CPU时间(Ave.Time)。其中符号"—"表示内存不足的情况。

(1) 通过LP松弛和算法2求出的下界:通过表7.2我们可以发现,没有例外的,算法2相较于LP松弛可以获得更紧的下界。准确地说,LP松弛找到的平均差距的范围从6.98%到超过46.08%,平均比算法2找到的解高出177.33%。此外,336个实例中有18个实例被LP松弛解决,而336个实例中有23个被算法2解决。一般来说,LP松弛和算法2发现的最优解之间的差距随着任务数量的增加而增加,因为问题变得更加复杂。例如,对于RC2实例,当n从50变化到90时,差距分别为3.64%,5.53%,9.23%和16.37%。

表7.2 拉格朗日松弛启发式算法的算例结果

n	Group	No. Inst	LP relaxation	CPLEX				Lagrangian-based heuristic				
			Ave. Gap %	No. 1% Gap	Ave. Gap %	Max. Gap %	Ave. Time	No. 1% Gap	Ave. Gap %	Max. Gap %	Ave. UGap %	Ave. Time	No. 1% Gap
50	R1	12	11.27	0	0	0	398.47	12	4.18	6.74	7.81	767.66	2
	C1	9	10.54	1	0	0	403.26	9	6.04	9.17	11.26	1312.93	1
	RC1	8	8.66	0	0	0	202.00	8	6.49	7.97	8.04	296.72	0
	R2	11	6.98	0	0	0	1098.85	11	4.89	9.46	8.39	2563.61	2
	C2	8	8.00	2	0	0	783.12	8	5.24	7.53	12.55	650.121	0
	RC2	8	7.16	0	0	0	652.27	8	5.15	7.45	9.28	2562.48	2

续表

n	Group	No. Inst	LP relax-ation		CPLEX				Lagrangian-based heuristic				
			Ave. Gap %	No. 1% Gap	Ave. Gap %	Max. Gap %	Ave. Time	No. 1% Gap	Ave. Gap %	Max. Gap %	Ave. UGap %	Ave. Time	No. 1% Gap
	Average	56	8.88	3	0	0	599.95	56	5.24	7.95	9.40	1380.40	7
	R1	12	17.20	2	0	0	1951.70	12	4.35	6.92	8.18	4884.57	1
	C1	9	6.48	0	0	0	2492.17	9	5.70	7.10	10.79	3373.01	1
	RC1	8	10.87	0	0	0	3732.10	8	6.52	9.78	13.32	4242.68	2
60	R2	11	11.43	1	0.22	2.42	2173.21	10	6.33	8.17	12.18	3095.97	0
	C2	8	12.56	1	0	0	3382.59	8	6.76	6.95	11.96	2794.73	0
	RC2	8	9.97	0	0.38	3.05	2075.38	7	7.42	8.98	10.54	5538.70	0
	Average	56	11.58	4	0.10	0.91	2558.50	55	6.05	7.90	11.00	3993.51	4
	R1	12	13.93	1	9.55	26.53	7100.75	2	6.67	9.43	9.70	5576.51	1
	C1	9	20.94	0	15.83	20.80	6155.67	3	6.31	8.52	13.10	7348.30	0
	RC1	8	18.58	1	10.35	25.26	6966.12	2	7.46	11.80	14.69	6675.16	1
70	R2	11	19.03	1	10.09	22.38	7635.27	1	7.65	9.30	10.08	6913.52	2
	C2	8	11.85	0	8.05	10.86	6418.25	2	6.33	8.36	12.74	7442.96	0
	RC2	8	12.87	0	12.35	25.49	8200.02	0	7.90	11.88	12.43	7956.29	0
	Average	56	16.27	3	10.96	22.73	7094.16	10	7.04	9.37	11.86	6887.45	4
	R1	12	23.76	0	19.17	49.10	13900.23	1	7.02	10.09	13.07	9756.66	0
	C1	9	23.88	0	22.38	52.93	13797.89	1	6.81	11.24	12.50	11048.72	0
	RC1	8	28.54	1	26.80	35.20	12555.31	2	7.48	12.09	12.58	10468.72	1
80	R2	11	22.50	2	17.11	43.28	13792.94	1	7.78	11.40	13.33	11003.66	0
	C2	8	25.78	0	20.17	36.58	11705.22	2	6.06	10.71	14.38	9442.96	2
	RC2	8	21.96	0	18.73	33.88	14400.00	0	7.23	9.58	16.97	12621.31	0
	Average	56	23.46	3	21.27	42.48	13428.40	7	7.09	10.83	13.70	10675.40	3

续表

n	Group	No. Inst	LP relaxation		CPLEX				Lagrangian-based heuristic				
			Ave. Gap %	No. 1% Gap	Ave. Gap %	Max. Gap %	Ave. Time	No. 1% Gap	Ave. Gap %	Max. Gap %	Ave. UGap %	Ave. Time	No. 1% Gap
90	R1	12	28.46	0	—	—	—	—	7.60	10.58	13.47	11250.43	0
	C1	9	18.73	0	—	—	—	—	6.07	11.96	14.45	17097.18	1
	RC1	8	29.02	0	—	—	—	—	7.18	12.68	13.99	15167.60	1
	R2	11	36.49	1	—	—	—	—	7.42	11.04	17.92	18412.88	0
	C2	8	31.67	0	—	—	—	—	7.17	12.80	18.56	13089.12	0
	RC2	8	28.01	0	—	—	—	—	7.79	10.53	16.08	19462.54	1
	Average	56	28.62	1	—	—	—	—	7.22	11.50	15.39	15592.42	3

（2）与CPLEX的比较：表7.2中的计算结果使我们得出以下结论：① 当任务数量比较小的时候，CPLEX找到的解非常好，但会随着任务数量的增加而变差；② 算法2为所有测试实例提供稳定的解，并且当任务数量增加时优于CPLEX。与算法2相比，尽管CPLEX能够在50和60个任务中的112个实例中为111个实例找到与最优解差距在1%以内的解，并且花费更少的时间，但是当任务的数量等于或大于70时，算法2的性能明显优于CPLEX。对于同样的实例，算法2找到的平均最优解差距低于CPLEX找到的平均最优解差距，并且花费的CPU时间显著减少。对于70个任务实例，算法2找到的平均差距比CPLEX低35.77%，且在花费时间上算法2平均比CPLEX快1.01倍。对于80个任务实例，算法2找到的平均差距比CPLEX低66.67%，在运算时间上比CPLEX平均快1.26倍。最重要的是，CPLEX发现的最大差距为52.93%，而当n不大于80时，算法2发现的最大差距最大为12.09%。特别是，由于MILP中变量个数的大量增加以及问题本身的内在复杂性，CPLEX无法解决任务数等于或大于90的实例。这些观察清楚地证实了算法2的优越性，并暴露了使用通用求解器来解决我们问题的局限性。

（3）启发式算法的表现：通过表7.2中的Ave.UGap结果，我们可以观察到算法5的表现相对较好，当任务的数量增加时，其表现如预期的那样会变差。注意到算法5找到的平均最优解差距都小于20.85%，此外，算法2求解出的最大最优解差距相较于算法5找到的平均最优解差距平均小24.25%，这表明算法4在改善上界的质量方面非常有效。

7.5 实际数据算例分析

在本部分中,我们通过收集实际数据验证我们的算法。实验用 Matlab R2014a 开发算法程序,运行在 1.8 GHz Intel Core 4 CPU 和 8 GB 内存的计算机上。首先在 7.5.1 小节介绍企业实际应用的经验式决策的方法,在 7.5.2 小节介绍实际数据,并将本章提出的算法与企业实际应用的经验式决策的方法作对比,验证算法的有效性。

7.5.1 企业实际应用的经验式决策方法

A 公司旗下的 X 物流公司目前的做法是根据每个订单所在地的位置和所在地大致分布,人为对订单划分成 m 类,其中 m 表示可供安排的车辆的数量。对于每一类来说,找出能达到完成该类所有订单技能等级要求的工作人员,一般组成大小为 2 的团队。订单的完成顺序按照"先完成有客户可接受的最晚到达时间要求的订单,对于剩下的订单按照最近邻方式完成"的规则操作。为了保证午休需求,安排上午的工作在 12 点结束,下午的工作在 13 点 30 分之后开始。可以发现,此方法的关键是对订单按照距离远近进行聚类,对人员分配以及订单先后处理顺序根据贪婪算法的思想进行操作。

7.5.2 算法性能对比

我们随机选取 2018 年 5 月 9 日的装配汇总表用于比较本章提出的启发式算法和经验式决策方法的优劣。

数据描述如下:

(1) 起运地和目的地信息。车辆都是从仓库出发,到达各个客户所在目的地。起运地和目的地之间,各个目的地之间的距离可借助百度地图快速得出。为了保护客户隐私,用字母代替客户所在地。

(2) 订单信息,包括到达每个客户所在地的时间,离开客户所在地的时间,以及事前约定的客户可接受的最晚到达时间。由于部分订单没有提供这类信息,默认为任何时间皆可。此外还包括订单中需要装配的物品,以及完成此订单的人员编号。我们可通过查找需要装配的物品与人员编号的对应关系来确定工作人员的技能要求等级。

表7.3是2018年5月9日的实际装配数据示例。

表7.3 实际装配数据(2018.5.9)

车辆	配送路径	行驶总距离	人员编号
1	O-L7-L9-L2-L6-L4-L8-L12-O	7.8 km	C1,C2
2	O-L10-L1-L5-L6-L15-O	4.2 km	C3,C4
3	O-L16-L13-L17-L19-L3-O	5.9 km	C5,C6
4	O-L18-L20-L9-L21-O	3.0 km	C7

使用本章提出的算法后,得到优化后的配送路径见表7.4。由于在算例中,任务没有被外包出去,且都按时完成,因此运营成本只包含旅行成本这一部分。旅行成本与行驶总距离成正相关,因此,我们将车辆行驶总距离作为衡量标准。对比表7.3和表7.4,使用算法后,行驶总距离由20.9 km减小至16.2 km,减少了约22.49%。

表7.4 优化后装配数据(2018.5.9)

车辆	配送路径	行驶总距离	人员编号
1	O-L7-L6-L12-L9-L2-L19-O	4.8 km	C1,C3
2	O-L1-L15-L5-L10-L14-O	3.7 km	C3,C4
3	O-L16-L13-L11-L20-L4-O	4.1 km	C5,C6
4	O-L3-L18-L17-L8-L21-O	3.6 km	C2

7.6 总结与展望

在本章中,我们考虑了技术人员路线选择和调度问题,主要考虑软时间窗口、技术人员技能、午休需求、外包选项和工作日限制等约束,其中技术人员精通不同的技能,并组成团队进行诸如安装家居、上门维修等任务。此问题来源于A公司子公司X物流公司在其实际运营中所面临的难题。我们的目标是确定技术人员和团队之间的最佳分配,团队和任务之间的最佳分配,以及确定每个团队完成各自安排任务的最佳路线,以最小化总运营成本,包括旅行成本、违反软成本窗口的惩罚成本以及外包成本。我们设计了一个基于拉格朗日松弛的启发式算法,并结合了一些可以加速运算收敛并产生更紧的上下界的策略来解决模型。具体来说,我们提出了一种结合自适应大邻域搜索和禁忌搜索的混合搜索算法来寻找初始上界，引入修正的体积算法来解决拉格朗日对偶问题，其中利用基于动态规划的双向标记算法来求解拉格朗日子问题的最优解，随后，提出两阶段混合启发式算法，用于将在基于拉格朗日松弛的启发式迭代过程中生成的近似原始解转化成高质量的可行解，以便提高上界的质量。

  数值实验主要是我们设计的基于拉格朗日松弛的启发式算法和当前先进的MIP求解器CPLEX之间的计算比较。数值结果显示，对于大型实例，我们提出的算法所得到的边界值明显优于使用CPLEX得到的边界值。另外，我们发现所提出的算法能够在合理的计算时间内为大规模问题生成良好可行的解决方案，这揭示了此算法在成功解决技术人员路线选择和调度问题方面的潜力。运用实际数据可以发现，相较于企业实际采用的经验式决策的方法，本章提出的算法在保证满足午休约束的同时，降低了约20%的车辆行驶距离。

附 录

本附录包括两部分,附录1是针对第5章家具产品生产问题的相关算法伪代码,附录2是针对第7章配送问题的相关算法伪代码。

附录1 生产问题算法伪代码

首先介绍求解基准模型的RVBP算法伪代码。本附录给出了第5章产品生产问题的相关伪代码,其中附录1.1介绍了求解基准模型的算法伪代码,附录1.2介绍了求解产品规格相同的特殊情形下的算法伪代码。

附录1.1

算法1 RVBP算法伪代码

输入:交付日期 $d_{i1}, d_{i2}, \cdots, d_{in_i}$,顾客数 h,产品信息 $q_1, \cdots, q_h, l_1, \cdots, l_h$
输出:加工顺序

1　依照EDD顺序对订单 $i(i=1,\cdots,h)$ 中的产品进行重新编码,使得 $d_{i1} \leqslant d_{i2} \leqslant \cdots \leqslant d_{in_i}$

2　令 $K(\underbrace{0,\cdots,0}_{h}) = (\underbrace{0,\cdots,0}_{2h+3})$

3　从 $K(q_1,\cdots,q_{i-1},q_i-1,q_{i+1},\cdots,q_h)$ 中生成 $K(q_1,\cdots,q_h)$

4　**for** $(q_1,\cdots,q_h)$ 的任意组合,其中 $0 \leqslant q_i \leqslant n_i (i=1,\cdots,h)$ 且 $(q_1,\cdots,q_h) \neq (\underbrace{0,\cdots,0}_{h})$ **do**

5　　$K(q_1,\cdots,q_h) = \varnothing$

6　　**for** i 从1到 h **do**

7　　　**for** $(t_1, t_2, l_1, \cdots, l_h, \beta_1, \cdots, \beta_h, f) \in K(q_1,\cdots,q_{i-1},q_i-1,q_{i+1},\cdots,q_h)$ **do**

8　　　　**for** each $j \in \{1,\cdots,v_{io_i}\}$ 使得 $b_j + s_{iq_i} \leqslant Q_i$ **do**

9　　　　　**if** $\max\{t_1 + p^S_{iq_i} + t, t_2\} + p^M_i \leqslant T_{il_i} \leqslant d_{iq_i}$ **then**

10	$K(q_1,\cdots,q_h) \leftarrow K(q_1,\cdots,q_i-1,\cdots,q_h) \cup \big(t_1+p_{iq_i}^S, \max\{t_1+p_{iq_i}^S+t,t_2\}+p_i^M,$ $l_1,\cdots,l_h,\beta_1,\cdots,\beta_{i-1},\bar{\beta}_i,\beta_{i+1},\cdots,\beta_h,f+\big(T_{il_i}-\max\{t_1+p_{iq_i}^S+t,t_2\}-p_i^M\big)$ $+\gamma_{iq_i}+a\big)$，其中 $\bar{\beta}_i=\big(b_1,\cdots,b_j+s_{iq_i},b_{j+1},\cdots,b_{v_{il_i}}\big)$，当 $b_j>0$ 且 b_j+ $s_{iq_i}\leqslant Q_i$ 时 $a=0$，当 $b_j=0$ 时 $a=D_{il_i}$
11	if $\max\{t_1+p_{iq_i}^S+t,t_2\}+p_i^M\leqslant T_{i,l_i+1}\leqslant d_{iq_i}$，并且对于所有 $j=1,\cdots,v_{il_i}$，不等式 $b_j+s_{iq_i}>Q_i$ 都成立 then
12	$K(q_1,\cdots,q_h)\leftarrow K(q_1,\cdots,q_i-1,\cdots,q_h)\cup\big(t_1+p_{iq_i}^S,\max\{t_1+p_{iq_i}^S+t,t_2\}+$ $p_i^M,\cdots,l_{i-1},l_i+1,l_{i+1},\cdots,l_h,\beta_1,\cdots,\bar{\beta}_i,\beta_{i+1},\cdots,\beta_h,f+\theta_i\big(T_{i,l_i+1}-$ $\max\{t_1+p_{iq_i}^S+t,t_2\}-p_i^M\big)+\gamma_{iq_i}+D_{i,l_i+1}\big)$，其中 $\bar{\beta}_i=\Big(s_{iq_i},\underbrace{0,\cdots,0}_{v_{i,l_i+1}-1}\Big)$
13	if $T_{il_i}<\max\{t_1+p_{iq_i}^S+t,t_2\}+p_i^M\leqslant d_{iq_i}$ 并且存在下标 k 使得 $l_i<k\leqslant o_i$ 以及 $T_{il_i}\leqslant T_{i,k-1}<\max\{t_1+p_{iq_i}^S+t,t_2\}+p_i^M\leqslant T_{ik}\leqslant d_{iq_i}$ 成立 then
14	$K(q_1,\cdots,q_h)\leftarrow K(q_1,\cdots,q_i-1,\cdots,q_h)\cup\big(t_1+p_{iq_i}^S,\max\{t_1+p_{iq_i}^S+t,t_2\}+$ $l_1,\cdots,l_{i-1},k,l_{i+1},\cdots,l_h,\beta_1,\cdots,\beta_{i-1},\bar{\beta}_i,\beta_{i+1},\cdots,\beta_h,f+\theta_i\big(T_{ik}-\max\{t_1+p_{iq_i}^S+t,t_2\}$ $-p_i^M\big)+\gamma_{iq_i}+D_{ik}\big)$其中 $\bar{\beta}_i=\Big(s_{iq_i},\underbrace{0,\cdots,0}_{v_{ik}-1}\Big)$
15	if $T_{io_i}<\max\{t_1+p_{iq_i}^S+t,t_2\}+p_i^M\leqslant d_{iq_i}$ 或 $\big(l_i=o_i,\max\{t_1+p_{iq_i}^S+t,t_2\}+p_i^M$ $\leqslant T_{il_i}\leqslant d_{iq_i}\big)$ then
16	$K(q_1,\cdots,q_h)\leftarrow K(q_1,\cdots,q_i-1,\cdots,q_h)\cup\big\{(t_1,t_2,l_1,\cdots,l_h,\beta_1,\cdots,\beta_h,f+\alpha_{iq_i})\big\}$
17	在 $K(q_1,\cdots,q_h)$ 中，对于任意两种情形 $(t_1,t_2,l_1,\cdots,l_h,\beta_1,\cdots,\beta_h,f)$ 与 $(t_1',t_2',l_1',\cdots,l_h',\beta_1',\cdots,\beta_h',f')$，其中对于所有的 $i=1,\cdots,h$ 不等式 $t_1\leqslant t_1',t_2\leqslant t_2',l_i\leqslant l_i',\beta_i\leqslant \beta_i',f\leqslant f'$ 都成立，那么可以将后者删去
18	最优解的值将由 $\min\{f\mid(t_1,t_2,l_1,\cdots,l_h,\beta_1,\cdots,\beta_h,f)\in K(n_1,\cdots,n_h)\}$ 给出，并且最优解可以通过回溯法得到

附录1.2

算法2 RVBP-IC算法伪代码

输入:交付日期 $d_{i1}, d_{i2}, \cdots, d_{in_i}$,顾客数 h,产品信息 $q_1, \cdots, q_h, l_1, \cdots, l_h$

输出:加工顺序

1 依照EDD顺序对订单 $i(i=1,\cdots,h)$ 中的产品进行重新编码,使得 $d_{i1} \leqslant d_{i2} \leqslant \cdots \leqslant d_{in_i}$

2 令 $L(\underbrace{0,\cdots,0}_{h}) = (\underbrace{0,\cdots,0}_{2h+3})$

3 从 $K(q_1,\cdots,q_{i-1},q_i-1,q_{i+1},\cdots,q_h)$ 中生成 $K(q_1,\cdots,q_h)$

4 **for** $(q_1,\cdots,q_h)$ 的任意组合,其中 $0 \leqslant q_i \leqslant n_i (i=1,\cdots,h)$ 且 $(q_1,\cdots,q_h) \neq (\underbrace{0,\cdots,0}_{h})$ **do**

5      $L(q_1,\cdots,q_h) = \varnothing$

6   **for** i 从1到 h **do**

7   **for** 任意情形 $(t_1, t_2, l_1, \cdots, l_h, x_1, \cdots, x_h, f) \in L(q_1,\cdots,q_{i-1},q_i-1,q_{i+1},\cdots,q_h)$ **do**

8   **if** $\max\{t_1 + p^S_{iq_i} + t, t_2\} + p^M_i \leqslant T_{il_i} \leqslant d_{iq_i}, x_i + 1 \leqslant v_{il_i}[Q_i/s_i]$ **then**

9                $L(q_1,\cdots,q_h) \leftarrow L(q_1,\cdots,q_i-1,\cdots,q_h) \cup (t_1 + p^S_{iq_i}, \max\{t_1 + p^S_{iq_i} + t, t_2\} + p^M_i, l_1, \cdots, l_h, x_1, \cdots, x_i, x_i+1, x_{i+1}, \cdots, x_h, f + \theta_i(T_{il_i} - \max\{t_1 + p^S_{iq_i} + t, t_2\} - p^M_i + \gamma_{iq_i} + a)$

其中,当 $[(x_i+1)/Q_i] = [x_i/Q_i]$ 时 $a = 0$,当 $[(x_i+1)/Q_i] = [x_i/Q_i] + 1$ 时 $a = D_{il_i}$

10   **if** $\max\{t_1 + p^S_{iq_i} + t, t_2\} + p^M_i \leqslant T_{i,l_i+1} \leqslant d_{iq_i}, x_i + 1 > v_{il_i}[Q_i/s_i]$ **then**

11                $L(q_1,\cdots,q_h) \leftarrow L(q_1,\cdots,q_i-1,\cdots,q_h) \cup (t_1 + p^S_{iq_i}, \max\{t_1 + p^S_{iq_i} + t, t_2\} + p^M_i, l_1, \cdots, l_{i-1}, l_i+1, l_{i+1}, \cdots, l_h, x_1, \cdots, x_{i-1}, 1, x_{i+1}, \cdots, x_h, f + \theta_i(T_{i,l_i+1} - \max\{t_1 + p^S_{iq_i} + t, t_2\} - p^M_i) + \gamma_{iq_i} + D_{i,l_i+1})$

12   **if** $T_{il_i} < \max\{t_1 + p^S_{iq_i} + t, t_2\} + p^M_i \leqslant d_{iq_i}$ 并且存在下标 k 得 $l_i < k \leqslant o_i$ 以及 $T_{il_i} \leqslant T_{i,k-1} < \max\{t_1 + p^S_{iq_i} + t, t_2\} + p^M_i \leqslant T_{ik} \leqslant d_{iq_i}$ 成立 **then**

13                $L(q_1,\cdots,q_h) \leftarrow K(q_1,\cdots,q_i-1,\cdots,q_h) \cup \{(t_1 + p^S_{iq_i}, \max\{t_1 + p^S_{iq_i} + t, t_2\} + p^M_i, l_1, \cdots, l_{i-1}, k, l_{i+1}, \cdots, l_h, x_1, \cdots, x_{i-1}, 1, x_{i+1}, \cdots, x_h, f + \theta_i(T_{ik} - \max\{t_1 + p^S_{iq_i} + t, t_2\} - p^M_i) + \gamma_{iq_i} + D_{ik})\}$

14   **if** $T_{io_i} < \max\{t_1 + p^S_{iq_i} + t, t_2\} + p^M_i \leqslant d_{iq_i}$ 或 $(l_i = o_i, \max\{t_1 + p^S_{iq_i} + t, t_2\} + p^M_i \leqslant T_{il_i} \leqslant d_{iq_i}$, and $x_i + 1 > v_{il_i}[Q_i/s_i])$ **then**

15	$L(q_1,\cdots,q_h) \leftarrow L(q_1,\cdots,q_i-1,l_{i+1},\cdots,q_h) \cup \{(t_1,t_2,l_1,\cdots,l_h,x_1,\cdots,x_h,f+\alpha_{iq_i})\}$
16	在 $L(q_1,\cdots,q_h)$ 中,对于任意两种情形 $(t_1,t_2,l_1,\cdots,l_h,\beta_1,\cdots,\beta_h,f)(t_1',t_2',l_1',\cdots,t_h',\beta_1',\cdots,\beta_h',f')$,其中对于所有的 $i=1,\cdots,h$ 不等式 $t_1 \leqslant t_1', t_2 \leqslant t_2', l_i \leqslant l_i', x_i \leqslant x_i', f \leqslant f'$ 都成立,那么可以将后者删去
17	最优解的值将由 $\min\{f \mid (t_1,t_2,l_1,\cdots,l_h,x_1,\cdots,x_h,f) \in L(n_1,\cdots,n_h)\}$ 给出,并且最优解可以通过回溯法得到

附录2 配送问题算法伪代码

本附录给出了第7章配送问题的相关算法伪代码。附录2.1介绍了基于动态规划的双向标记算法伪代码;附录2.2介绍了基于拉格朗日松弛的启发式算法伪代码;附录2.3介绍了求解将非可行解恢复成为可行解的算法伪代码;附录2.4介绍了用以改进上界的禁忌搜索算法的伪代码;附录2.5给出了用以获得高质量的初始解的自适应大规模领域搜索和禁忌搜索的元启发式混合算法的伪代码。

附录2.1

算法3 基于动态规划的双向标签算法伪代码

输入:子网络 G_{h,r_k},仓库关闭时间 C,对偶向量 μ
输出:各个团队的最优路径

1    $L_i^{\text{fw}} \leftarrow \varnothing, L_j^{\text{bw}} \leftarrow \varnothing, \forall i \in N_{h,r_k}, R_{h,r_k} \leftarrow \varnothing$
2   如果 $d_b \leqslant C, L_{o_h'}^f \leftarrow \{(0,0,0,0,o_h)\}, L_{o_h'}^b \leftarrow \{(0,C,0,0,0,o_h'),(0,C-lb,0,0,1,o_h')\}$,否则
     $L_{o_h'}^b \leftarrow \{(0,C,0,0,0,o_h')\}$
3   for each $i \in N_{h,r_k}$ do
4   for each j 满足 $(i,j) \in A_{(h,r_k)}$ do
5   for each 标签 $L_i^{\text{fw}} = (g^{\text{fw}}, t^{\text{fw}}, a^{\text{fw}}, b^{\text{fw}}, c^{\text{fw}}, i) \in L_i^{\text{fw}}$ do /*扩展
6   if $t^{\text{fw}} + s_i + t_{ij} \leqslant D_j, \max\{t^{\text{fw}} + s_i + t_{ij}, E_j\} + s_j \leqslant C/2$ then
7            $L_j'^{\text{fw}} \leftarrow (g'^{\text{fw}}, t'^{\text{fw}}, a'^{\text{fw}}, 0, c'^{\text{fw}}, j)$
8   if $t^{\text{fw}} + s_i \leqslant D_b, \max\{t^{\text{fw}} + s_i + t_{ij}, E_b\} + lb \leqslant$
            $D_j, \max\{\max\{t^{\text{fw}} + s_i + t_{ij}, E_b\} + lb, E_j\} + s_j \leqslant C/2, a^{\text{fw}} = 0$ then

```
9            L_j''^{fw} ← (g''^{fw}, t''^{fw}, a''^{fw}, 1, c''^{fw}, j)
10           insert ← true /*占优检验
11           for  each 标签 L_j^{fw} ∈ L_j^{fw}  do
12                if  L_j'^{fw} 优于 L_j^{fw}  then  删除 L_j^{fw}
13                else  insert ← false, break
14           if  insert  then  L_j^{fw} ← L_j^{fw} ∪ {L_j'^{fw}}
15           insert ← true
16           for  each 标签 L_j^{fw} ∈ L_j^{fw}  do
17                if  L_j''^{fw} 优于 L_j^{fw}  then  删除 L_R^f
18                else  insert ← false, break
19           if  insert  then  L_j^{fw} ← L_j^{fw} ∪ {L_j''^{fw}}
20  for  each j ∈ N_{h,r_k}  do
21      for  each i 满足 (i,j) ∈ A_{(h,r_k)}  do
22          for  each 标签 L_i^{bw} = (g^{bw}, t^{bw}, a^{bw}, b^{bw}, c^{bw}, i) ∈ L_i^{bw}  do /*扩展
```
$$23 \quad \text{if } t^{bw} - s_i - t_{ji} \geq E_j + s_j,\ \min\{t^{bw} - s_i - t_{ji}, D_j + s_j\} - s_j \geq C/2 \quad \text{then}$$
```
24              L_i'^{bw} ← (g'^{bw}, t'^{bw}, a'^{bw}, 0, c'^{bw}, i)
```
$$25 \quad \text{if } t^{bw} - s_j \geq e_b + lb,\ \min\{t^{bw} - s_i - t_{ij}, D_b\} + lb \geq E_j + s_j,\ \min\{\min\{t^{bw} - s_i - t_{ij}, d_b\} + lb, D_j + s_j\} - s_j \geq C/2,\ a^{bw} = 0 \quad \text{then}$$
```
26              L_i''^{bw} ← (g''^{bw}, t''^{bw}, a''^{bw}, 1, c''^{bw}, i)
27              insert ← true /*占优检验
28              for  each 标签 L_i^{bw} ∈ L_i^{bw}  do
29          if  L_i'^{bw} 优于 L_i^{bw}  then  删除 L_i^{bw}
30          else  insert ← false, break
31      if  insert  then  L_i^{bw} ← L_i^{bw} ∪ {L_i'^{bw}}
32          insert ← true
33          for  each 标签 L_i^{bw} ∈ L_i^{bw}  do
34              if  L_i''^{bw} 优于 L_i^{bw}  then  删除 L_i^{bw}
35              else  insert ← false, break
36          if  insert  then  L_i^{bw} ← L_i^{bw} ∪ {L_i''^{bw}}
37  for  each (i,j) ∈ A_{(h,r_k)}  do /*连接
38      for  each L_j^{fw} ∈ L_j^{fw} in 非减成本排序  do
39          for  each L_i^{bw} ∈ L_i^{bw} in 非减成本排序  do
```
$$40 \quad \text{if } \text{当 } b^{fw}=0 \text{ 时},\ N(L_i^{fw}) \cap N(L_j^{bw}) = \emptyset,\ a^{fw} + a^{bw} = 1,\ t^{fw} + s_i + t_{ij} + s_j \leq t^{bw};$$
$$\text{当 } b^{fw}=1 \text{ 时},\ \max\{t^{fw} + s_i + t_{ij}, E_b\} + lb + s_j \leq t^{bw} \quad \text{then}$$

41	r←L_i^{fw}⊕L_j^{bw} /*最终连接后的路线,R_{h,τ_k}←R_{h,τ_k}∪{r}	
42	c(r)←路线r的成本	
43	返回在R_{h,τ_k}中有着最小成本的路线	

附录2.2

算法4 基于拉格朗日松弛的启发式算法伪代码

输入:$G=(N\cup H,A),\lambda,\varepsilon,\delta_d,\delta_\epsilon,\varsigma,\iota^0,\iota_f,\iota_p,\iota_{\min},MAXITER$ 和 $MAXITIME$
输出:X^t

1　应用算法6(后文将详细介绍)5次之后来获得一个最好的初始解和上界$UB,\mu^0\leftarrow 0$
2　应用算法1解决拉格朗日子问题获得$L(\mu^0)$和(x^0,z^0)
3　$g^0\leftarrow\left(1-\sum_{h\in H}\sum_{r\in\Gamma_h}\sum_{(i,j)\in A}x_{1jr}^0-z_1^0,\cdots,1-\sum_{h\in H}\sum_{r\in\Gamma_h}\sum_{(i,j)\in A}x_{njr}^0-z_n^0\right),X^1\leftarrow x^0,\hat{\mu}^1\leftarrow\mu^0$
4　$d^1\leftarrow g^0,LB\leftarrow L(\xi_0),p^1\leftarrow g^0,s^1\leftarrow\lambda\dfrac{UB-LB}{\|d^1\|^2},k=t=l\leftarrow 1,ser\leftarrow FALSE,T_z\leftarrow\varnothing,\epsilon^1\leftarrow 0$
5　**while** $t\leqslant MAXITER,CPU_{time}\leqslant MAXITIME$ **do**
6　　$\mu^t\leftarrow\max\{\hat{\mu}^k+s^td^t,0\},\varphi_t\leftarrow s_t\|d^t\|^2+|\langle d^t,\hat{\mu}^k-p^t\rangle|+\epsilon^t$
7　　应用算法1解决拉格朗日子问题获得$L(\mu^t)$和(x^t,z^t)
8　　$g^t\leftarrow\left(1-\sum_{h\in H}\sum_{r\in\Gamma_h}\sum_{(i,j)\in A}x_{1jr}^t-z_1^t,\cdots,1-\sum_{h\in H}\sum_{r\in\Gamma_h}\sum_{(i,j)\in A}x_{njr}^t-z_n^t\right)$
9　　$LB\leftarrow\max\{LB,L(\mu^t)\}$
　　　第一次停止测试
10　　**if** $(UB-LB)/LB\leqslant\varepsilon$ **then** 停止
11　　**if** $L(\xi_t)-L(\hat{\xi}_t)\geqslant\varsigma\varphi_t$ **then** /*更新稳定中心
12　　　$\hat{\mu}^{k+1}\leftarrow\mu_t,k\leftarrow k+1,ser\leftarrow TRUE$
13　　**else**
14　　　**if** ser=FALSE **then**
15　　　　$f\leftarrow f+1$
16　　　**else**
17　　　　$f\leftarrow 0$
18　　　　$ser\leftarrow FALSE$
19　　　**if** ser=TRUE **then** /*更新λ
20　　　　$\lambda\leftarrow 1.1\lambda$
21　　　**else**
22　　　　**if** $f\bmod 3=1$ **then**

23	$\lambda \leftarrow 0.66\lambda$
24	$s^{t+1} \leftarrow \lambda \dfrac{UB-LB}{\|d^t\|^2}$
25	$w'^t \leftarrow \dfrac{\langle g^t, \hat{\mu}^k - p^t\rangle - \langle g^t, \hat{\mu}^k - \mu^t\rangle - s^{t+1}\langle d^t, g^t - d^t\rangle}{s^{t+1}\|g^t - d^t\|^2}$
26	$w^t \leftarrow \begin{cases} w'^{t-1}/10 & \text{if } w'^t \leqslant 1e-8 \\ \min\{\iota^t, 1.0\} & \text{if } w'^t \geqslant 1 \\ w'^t & \text{否则} \end{cases}$
27	$X^{t+1} \leftarrow w^t(x^t, z^t) + (1-w^t)X^t, d^{t+1} \leftarrow w^t g^t + (1-w^t)d^t$
28	$p^{t+1} \leftarrow w^t(1-w^t)\langle g^t - d^t, p^t - \mu^t\rangle + (1-w^t)p^t, \epsilon^{t+1} \leftarrow w^t g^t + (1-w^t)\epsilon^t$
29	**if** $t \bmod \iota_f = 1$ **then**
30	$\iota^{t+1} \leftarrow \min\{\iota^t, \iota_{\min}\}$
31	**if** $\|d^{t+1}\|^2 \leqslant \delta_d^2, |\langle d^{t+1}, \hat{\mu}^k - p^{t+1}\rangle| + \epsilon^{t+1} \leqslant \delta_\epsilon$ **then** 停止
32	**if** ser=TRUE 或者 $f \bmod 5 = 1$ **then**
33	应用7.4小节中的算法策略从 X^{t+1} 开始更新 UB
34	**if** $(UB-LB)/LB \leqslant \varepsilon$ **then** 停止
35	$t \leftarrow t+1$

附录2.3

算法5 可行性恢复算法伪代码

输入:$G=(N\cup H, A), X^t$
输出:更新后的可行解 X^t

1	$\Lambda_1 \leftarrow \varnothing, \Lambda_2 \leftarrow \varnothing, I_r \leftarrow \varnothing, h \in H, r \in \Gamma_h$
2	**for** each $i \in N$ **do**
3	令 I_r 表示在集合 $\bigcup_{h \in H}\bigcup_{r \in \Gamma_h}\bigcup_{j \in N\setminus\{i\}}\{x_{ijr}^t\}$ 中的所有分数变量
4	将 I_r 中大于0.8的分数值定为1,其余的值定为0
5	**for** each $h \in H$ **do**
6	**for** each $r \in \Gamma_h$ **do**
7	**for** each $i, j \in N$,其中 $x_{ijr}^t > 0$ **do**
8	$I_r \leftarrow I_r \cup \{i, j\}$
9	**if** $I_r \neq \varnothing$ **then**
10	通过以最廉价的方式拼接团队 τ 的所有部分路线以构建完整的路径,并根据需要重置 x_{ijr}^t(如果 i 和 j 分别是部分路径的终点和起点,则 x_{ijr}^t 重置为1)
11	令 S 表示当前所有整数解对应的路线集合,O 表示外包的任务集合

```
12    for each i∈N do
13        if ∑_{h∈H}∑_{r∈Γ_h}∑_{j∈N} x_{ijr} ≤ 1 then
14            Λ_1 ← Λ_1 ∪ {i}
15        if ∑_{h∈H}∑_{r∈Γ_h}∑_{j∈N} x_{ijr} > 1 then
16            Λ_2 ← Λ_2 ∪ {i}
17    for each i∈Λ_2 do
18        令 O_i 包括所有访问任务 i 的团队的路线
19        f*_{∇^i} ← −∞, r*_o ← ∅
20        for each r∈O_i do
21            计算 f_∇(i,r)，即在路径 r 中移除 i 后的目标函数值变化
22            if f_∇(i,r) > f*_{∇^i} then
23                f*_{∇^i} = f_∇(i,r), r*_o ← r
24        if f*_{∇^i} ≤ o_i then
25            在路线 r*_o 中保留 i，并将其他所有在 O_i\{r*_o} 中的路线中删除 i
26        if f*_{∇^i} > o_i then
27            将 i 加入到外包任务集合中，并在所有路线中删除 i
```

附录2.4

算法6 禁忌搜索算法伪代码

输入：$G=(N\cup H, A), x^t, \max Io, \max In, \max T$
输出：更新后的可行解 x^t

```
1     l←1, c*←c(x^t), x^{ut}←x^t
2     while l ≤ maxIo 或者 CPU_time ≤ maxT do
3         for each 路线 r_r∈S(随机选择) do
4             TL_{d-i} ← ∅, TL_{r-a} ← ∅, k←1, r'_r ← r_r
5             while k ≤ maxIn do
6                 r^b_r ← NIL, i^b ← NIL, f_Δ(r^b_r) ← 0
7                 for each i∈N(r_r) do
8                     if i∉TL_{r-a} then
9                         if r^b_r ← NIL or (f_Δ(r_r−i) < 0 且 f_Δ(r_r−i) < f_Δ(r^b_r)) then
10                            r^b_r ← r_r−i, i^b ← i, O_{r^b_r} ← O ∪ {i}
11                for each i∈O do
```

12	if $i \notin TL_{d-i}$ then
13	if $r_r^b \leftarrow NIL$ or $(f_\Delta(r_r+i)<0$且$f_\Delta(r_r+i)<f_\Delta(r_r^b))$ then
14	$r_r^b \leftarrow r_r+i, i^b \leftarrow i$
15	if $r_r^b \neq NIL$ then
16	if $i^b \in O$ then
17	$TL_{d-i} \leftarrow TL_{d-i} \cup \{i^b\}, O \leftarrow O \setminus \{i^b\}$
18	else
19	$TL_{r-a} \leftarrow TL_{r-a} \cup \{i^b\}, O \leftarrow O \cup \{i^b\}$
20	$r_r \leftarrow r_r^b$
21	$k \leftarrow k+1$
22	更新TL_{r-a}和TL_{d-i}(两组中每个顶点的迭代次数等于$mTB+\theta+U(\sqrt{n})$)
23	if $r_r' \neq r_r$ then
24	$S \leftarrow (S \cup \{r_r\}) \setminus \{r_r'\}$
25	$x^t \leftarrow$ 最终得到的解
26	if $c(x^t)<c^*$ then
27	$x^{ut} \leftarrow x^t$
28	$l \leftarrow l+1$

附录2.5

算法7　元启发式混合算法伪代码

输入：$G, T=(t_{ij}), \max Noi, \kappa, \max IterI$

输出：最优解

1	应用改进的贪心启发式算法生成一个初始可行解S
2	$j \leftarrow 1, l \leftarrow 0, S_c \leftarrow S, S_b \leftarrow S, T=-0.005f(S)/\ln 0.5, s_k \leftarrow 0, w_k \leftarrow 1, \beta_k \leftarrow 0, \beta_k^p \leftarrow 1$ for $k=1,2,\cdots,8$
3	while　$j<\max IterI$或者$j-l<\max Noi$　do
4	产生一个随机数$\zeta \in [5\%|N(S_c)|, 50\%|N(S_c)|]$
5	根据适应性权重选择一个破坏—修复算子$(h_k^-, h_k^+), \beta_k \leftarrow \beta_k+1$
6	$S_n \leftarrow h_k^+(h_k^-(S_c))$
7	if $j \bmod \kappa=0$ then
8	$S_n \leftarrow$ 应用算法4改进S_n后获得的解
9	if $c(S_n)<c(S_b)$ then
10	$S_b \leftarrow S_n, s_k \leftarrow s_k+\zeta_1$

11	if $c(S_n) < c(S_c)$ then
12	$S_c \leftarrow S_n, s_k \leftarrow s_k + \zeta_2$
13	else
14	$x \leftarrow e^{-(c(S_n)-c(S_c))/T}, s_k \leftarrow s_k + \zeta_3$
15	产生一个随机数 $\zeta \in [0,1]$
16	if $\zeta < x$ then
17	$S_c \leftarrow S_n$
18	$T \leftarrow 0.99975 T$
19	if $j \bmod 100 = 0$ then /*更新权重和分值*/
20	for each $k \in \{1,\cdots,8\}$ do
21	$w_k = (1-\alpha)w_k + \alpha s_k/\beta_k^\rho, \beta_k^\rho \leftarrow \max\{\beta_k, 1\}, \beta_k \leftarrow 0, s_k \leftarrow 0$
22	$j \leftarrow j+1$

参 考 文 献

[1] 中国物流与采购联合会,中国物流学会.中国物流园区发展报告:2018[M].北京:中国财富出版社,2018.
[2] 吴君杨.我国物流园区发展现状分析与趋势展望[J].物流技术与应用,2017,22(S2):76-78.
[3] 许奇,何天健,毛保华.我国铁路集装箱多式联运现状与发展[J].交通运输系统工程与信息,2018,18(6):194-200.
[4] 李冰漪.物流园区现状与展望:专访中国物流与采购联合会副会长贺登才[J].中国储运,2013(2):40-42.
[5] 贺登才.第二批示范物流园区呈八大特色[J].大陆桥视野,2018(8):35-40.
[6] 中国物流与采购联合会,中国物流学会.第五次全国物流园区(基地)调查报告[R].乌兰察布市:中国物流与采购联合会,中国物流学会,2018.
[7] 李长宏.物流地产:有一种创新思路叫"物流园区+"[N].现代物流报,2016-07-22(A8).
[8] 姚国章,余星."互联网+"与物流业的融合发展研究[J].南京邮电大学学报(自然科学版),2017(2):57-67.
[9] 赵光辉.物流企业"互联网+"的应对策略研究[J].现代管理科学,2017(7):97-99.
[10] 黄世政.物流园区发展从囚徒困境到合作赛局[J].中国流通经济,2013,27(9):35-41.
[11] 刘占山,邢虎松,程紫来."互联网+"物流园区发展探索[J].综合运输,2017(9):74-78.
[12] 莫艺祯.生鲜冷链物流的发展现状及问题分析[J].电子商务,2019(2):1.
[13] 中国物流与采购联合会科技信息部.2018年全国物流运行情况通报[EB/OL].(2019-03-23)[2019-05-21].中国物流与采购网,http://www.liot.org.cn/news/detail.aspx?id=73059.
[14] Reinhard S, Lovell C A K, Thijssen G J. Environmental efficiency with multiple environmentally detrimental variables; estimated with SFA and DEA[J]. European Journal of Operational Research, 2000, 121(2):287-303.

[15] 孟鑫. 基于DEA模型的长江经济带物流产业效率分析[J]. 企业经济,2015 (12):108-113.

[16] Min H, Joo S J. Benchmarking the operational efficiency of third party logistics providers using data envelopment analysis[J]. Supply Chain Management,2013, 11(3):259-265.

[17] Sun X H, Yamamoto T, Morikawa T. Stochastic frontier analysis of excess access to mid-trip battery electric vehicle fast charging [J]. Transportation Research Part D:Transport and Environment,2015,34:83-94.

[18] Lampe H W, Hilgers D. Trajectories of efficiency measurement: A bibliometric analysis of DEA and SFA [J]. European Journal of Operational Research,2015, 240(1):1-21.

[19] Jarboui S. Managerial psychology and transport firms efficiency: a stochastic frontier analysis[J]. Review of Managerial Science,2016,10(2):365-379.

[20] 张竟轶,张竟成. 基于三阶段DEA模型的我国物流效率综合研究[J]. 管理世界,2016(8):178-179.

[21] 戢晓峰,刘丁硕. 物流产业效率与交通优势度耦合协调水平测度:以中国36个主要城市为例[J]. 城市问题,2019,283(2):61-68.

[22] 龚雪. 中部六省物流效率评价[J]. 统计与决策,2019(18):59-63.

[23] 郭举,刘俊华. 基于SFA的中国物流业效率研究[J]. 物流科技,2018,41(7): 20-22.

[24] 田刚,李南. 中国物流业技术效率差异及其影响因素研究:基于省级面板数据的实证分析[J]. 科研管理,2011,32(7):34-44.

[25] 汪旭晖,文静怡. 我国农产品物流效率及其区域差异:基于省际面板数据的SFA分析[J]. 当代经济管理,2015,37(1):26-32.

[26] 徐良培,李淑华. 农产品物流效率及其影响因素研究:基于中国2000-2011年省际面板数据的实证分析[J]. 华中农业大学学报(社会科学版),2013(6): 71-79.

[27] 刘瑞娟,王建伟,黄泽滨. 交通基础设施、空间溢出效应与物流产业效率:基于"丝绸之路经济带"西北5省区的实证研究[J]. 工业技术经济,2017(6): 21-27.

[28] 郑秀娟. 基于随机前沿的物流业发展效率及区域差异分析[J]. 统计与决策, 2018(18):121-124.

[29] Fall F, Akim A M, Wassongma H. DEA and SFA research on the efficiency of microfinance institutions: a meta-analysis[J]. World Development, 2018, 107: 176-188.

[30] Battese G E, Coelli T J. A model for technical inefficiency effects in a stochastic frontier production function for panel data [J]. Empirical Economics,1995,20 (2):325-332.

[31] 张宝友,达庆利,黄祖庆.中国上市物流公司动态绩效评价及对策[J].系统工程,2008,26(4):6-10.

[32] 张宝友,达庆利,黄祖庆.基于AHP/DEA模型的上市物流公司绩效评价[J].工业工程与管理,2008,13(5):67-71.

[33] 钟祖昌.我国物流上市公司运营效率的实证研究[J].商业经济与管理,2011,1(4):19-26.

[34] 何新安.广东物流效率影响因素实证研究[J].铁道运输与经济,2017(12):6-11.

[35] 郁葱茏.物流业全要素生产率及其影响因素分析[J].统计与信息论坛,2018,33(5):50-57.

[36] 艾小辉.基于DEA的第三方物流产业效率研究[D].厦门:厦门大学,2008.

[37] 陈治国,杜金华,李红.物流业的产业影响效应及其政策启示:基于全国35个大中城市面板数据的实证研究[J].中国流通经济,2018,32(12):31-40.

[38] Chen C M, Delmas M A, Lieberman M B. Production frontier methodologies and efficiency as a performance measure in strategic management research[J]. Strategic Management Journal,2015,36(1):19-36.

[39] 景保峰.我国物流业上市公司全要素生产率的实证分析[J].技术经济,2011,30(9):104-113.

[40] 余玉刚,周思捷,史烨.红星美凯龙:"家居流通4.0"引领互联网+供应链下的家居流通业全面升级[DB].中国管理案例共享中心案例库.2018,4:SCLM-0079.

[41] Chen Z L. Integrated production and outbound distribution scheduling: review and extensions[J]. Operations Research,2010,58(1):130-148.

[42] Matsuo H. The weighted total tardiness problem with fixed shipping times and overtime utilization[J]. Operations Research,1988,36(9):293-307.

[43] Chand S, Chhajed D, Traub R. A single-machine scheduling model with fixed-interval deliveries[J]. Production Operations Management,1994,3(4):296-307.

[44] Lee C Y, Li C L. On the fixed interval due-date scheduling problem[J]. Discrete Applied Mathematics,1996,68(2):101-117.

[45] Seddik Y, Gonzales C, Sidhoum M. Single machine scheduling with delivery dates and cumulative payoffs[J]. Journal of Scheduling,2013,16(2):313-329.

[46] Leung Y T, Chen Z L. Integrated production and distribution with fixed delivery departure dates[J]. Operations Research Letters,2003,41(1):290-293.

[47] Stecke K, Zhao X. Production and transportation integration for a make-to-order manufacturing enterprise with a commit to delivery business model[J]. Manufacturing Service Operations Management,2007,9(2):206-224.

[48] Zhong W, Chen Z, Chen M. Integrated production and distribution scheduling with committed delivery dates[J]. Operations Research Letters,2010,38(2):

133-138.

[49] Melo R A, Wolsey L A. Optimizing production and transportation in a commit-to-delivery business mode[J]. European Journal of Operational Research, 2010, 203(1):614-618.

[50] Agnetis A, Aloulou M, Fu L L. Coordination of production and interstage batch delivery with outsourced distribution[J]. European Journal of Operational Research, 2014, 238(1):130-142.

[51] Agnetis A, Aloulou M, Fu L L, et al. Two faster algorithms for coordination of production and batch delivery: a note[J]. European Journal of Operational Research, 2015, 241(1):927-930.

[52] Agnetis A, Aloulou M, Kovalyov M Y. Integrated production scheduling and batch delivery with fixed departure times and inventory holding costs[J]. International Journal of Production Research, 2017, 55(19-20):1-14.

[53] Li F, Chen Z, Tang L. Integrated production, inventory and delivery problems: complexity and algorithms[J]. Informs Journal on Computing, 2017, 29(2):232-250.

[54] 程八一, 黄小曼, 杨艳艳, 等. 差异分批模式下的联合成本优化问题及算法[J]. 管理科学学报, 2016, 19(8):102-112.

[55] 王栓狮, 陈华平, 程八一, 等. 一种差异工件单机批调度问题的蚁群优化算法[J]. 管理科学学报, 2009, 12(6):72-82.

[56] 程八一, 陈华平, 王栓狮. 基于微粒群算法的单机不同尺寸工件批调度问题求解[J]. 中国管理科学, 2008, 16(3):84-88.

[57] 程八一, 李明. 面向生产-库存-配送的联合调度问题及蚁群优化算法[J]. 机械工程学报, 2015, 51(12):202-212.

[58] 冯大光, 唐立新. 一类新型批处理机调度问题的理论分析[J]. 管理科学学报, 2012, 15(6):33-39, 48.

[59] 杜冰, 陈华平, 杨勃, 等. 聚类视角下的差异工件平行机批调度问题[J]. 管理科学学报, 2011, 14(12):27-37.

[60] Roodbergen K J, Vis I F A. A survey of literature on automated storage and retrieval systems[J]. European Journal of Operational Research, 2009, 194(2):343-362.

[61] Gagliardi J P, Renaud J, Ruiz A. Models for automated storage and retrieval systems: a literature review[J]. International Journal of Production Research, 2012, 50(24):7110-7125.

[62] Boysen N, Stephan K. A survey on single crane scheduling in automated storage/retrieval systems[J]. European Journal of Operational Research, 2016, 254(3):691-704.

[63] Han M H, McGinnis L F, Shieh J S, et al. On sequencing retrievals in an

automated storage/retrieval system[J]. IIE Transactions, 1987, 19(1):56-66.

[64] Lee H F, Schaefer S K. Retrieval sequencing for unit-load automated storage and retrieval systems with multiple openings [J]. International Journal of Production Research, 1996, 34(10):2943-2962.

[65] Lee H F, Schaefer S K. Sequencing methods for automated storage and retrieval systems with dedicated storage[J]. Computers & Industrial Engineering, 1997, 32(2):351-362.

[66] Chen L, Langevin A, Riopel D. The storage location assignment and interleaving problem in an automated storage/retrieval system with shared storage [J]. International Journal of Production Research, 2010, 48(4):991-1011.

[67] Eynan A, Rosenblatt M J. An interleaving policy in automated storage/retrieval systems [J]. The International Journal of Production Research, 1993, 31(1):1-18.

[68] Gharehgozli A H, Yu Y, Zhang X, et al. Polynomial time algorithms to minimize total travel time in a two-depot automated storage/retrieval system[J]. Transportation Science, 2014, 51(1):19-33.

[69] Eben-Chaime M, Pliskin N. Operations management of multiple machine automatic warehousing systems [J]. International Journal of Production Economics, 1997, 51(1-2):83-98.

[70] Lee M. K, Kim S Y. Scheduling of storage/retrieval orders under a just-in-time environment [J]. International Journal of Production Research, 1995, 33(12):3331-3348.

[71] Linn R J, Xie X. A simulation analysis of sequencing rules for ASRS in a pull-based assembly facility[J]. International Journal of Production Research, 1993, 31(10):2355−2367.

[72] Meller R D, Mungwattana A. Multi-shuttle automated storage/retrieval systems [J]. IIE transactions, 1997, 29(10):925-938.

[73] Keserla A, Peters B A. Analysis of dual−shuttle automated storage/retrieval systems[J]. Journal of Manufacturing Systems, 1994, 13(6):424-434.

[74] Sarker B R, Sabapathy A, Lal A M, et al. Performance evaluation of a double shuttle automated storage and retrieval system [J]. Production Planning & Control, 1991, 2(3):207-213.

[75] Sarker B R, Mann Jr L, Leal J R G. Evaluation of a class-based storage scheduling technique applied to dual-shuttle automated storage and retrieval systems[J]. Production Planning & Control, 1994, 5(5):442-449.

[76] Popović D, Vidović M, Bjelić N. Application of genetic algorithms for sequencing of AS/RS with a triple-shuttle module in class-based storage [J]. Flexible Services and Manufacturing Journal, 2014, 26(3):432-453.

[77] Yang P, Miao L, Xue Z, et al. Variable neighborhood search heuristic for storage location assignment and storage/retrieval scheduling under shared storage in multi-shuttle automated storage/retrieval systems[J]. Transportation Research Part E: Logistics and Transportation Review, 2015, 79: 164-177.

[78] Yang P, Miao L, Qi M. Slotting optimization in a multi-shuttle automated storage and retrieval system[J]. Computer Integrated Manufacturing Systems, 2011, 17(5): 1050-1055.

[79] Yang P, Miao L, Xue Z, et al. An integrated optimization of location assignment and storage/retrieval scheduling in multi-shuttle automated storage/retrieval systems[J]. Journal of Intelligent Manufacturing, 2015, 26(6): 1145-1159.

[80] Tanaka S, Araki M. Routing problem under the shared storage policy for unitload automated storage and retrieval systems with separate input and output points[J]. International Journal of Production Research, 2009, 47(9): 2391-2408.

[81] Ramtin F, Pazour J A. Analytical models for an automated storage and retrieval system with multiple in-the-aisle pick positions[J]. IIE Transactions, 2014, 46(9): 968-986.

[82] Ramtin F, Pazour J A. Product allocation problem for an AS/RS with multiple in-the-aisle pick positions[J]. IIE Transactions, 2015, 47(12): 1379-1396.

[83] 田国会,张攀,李晓磊,等.一类仓库作业优化问题的混合遗传算法研究[J].系统仿真学报,2004,16(6):1198-1201.

[84] 王雯,傅卫平,马明云.自动化立体仓库出入库调度优化[J].工业工程与管理,2008,13(5):15-20.

[85] 刘韬,傅卫平,王雯,等.基于面向对象赋时Petri网的出入库系统建模[J].系统仿真学报,2006,18(3):537-541.

[86] 邓爱民,蔡佳,毛浪.基于时间的自动化立体仓库货位优化模型研究[J].中国管理科学,2013,21(6):107-112.

[87] 李鹏飞,马航.基于病毒协同遗传算法的自动化立体仓库货位优化模型[J].中国管理科学,2017,25(5):70-77.

[88] 靳萌,穆希辉,罗偲语,等.基于两级策略的器材立体仓库货位分配方法[J].系统工程与电子技术,2017,39(8):1774-1781.

[89] 刘臣奇,李梅娟,陈雪波.基于蚁群算法的拣选作业优化问题[J].系统工程理论与实践,2009,29(3):179-185.

[90] 常发亮,刘增晓,辛征,等.自动化立体仓库拣选作业路径优化问题研究[J].系统工程理论与实践,2007,27(2):139-143.

[91] Dantzig G B, Ramser J H. The truck dispatching problem[J]. Management Science, 1959, 6(1): 80-91.

[92] Laporte G. The vehicle routing problem: an overview of exact and approximate algorithms[J]. European Journal of Operational Research, 1992, 59(3): 345-358.

[93] Pillac V, Gendreau M, Guéret C, et al. A review of dynamic vehicle routing problems[J]. European Journal of Operational Research, 2013, 225(1): 1-11.

[94] Lin C, Choy K L, Ho G T S, et al. Survey of green vehicle routing problem: past and future trends[J]. Expert Systems with Applications, 2014, 41(4): 1118-1138.

[95] Desrochers M, Lenstra J K, Savelsbergh M W P. A classification scheme for vehicle routing and scheduling problems[J]. European Journal of Operational Research, 1990, 46(3): 322-332.

[96] Bredström D, Rönnqvist M. Combined vehicle routing and scheduling with temporal precedence and synchronization constraints[J]. European Journal of Operational research, 2008, 191(1): 19-31.

[97] Eveborn P, Flisberg P, Rönnqvist M. Laps Care: an operational system for staff planning of home care[J]. European Journal of Operational research, 2006, 171(3): 962-976.

[98] Ciré A A, Hooker J N. A heuristic logic-based benders method for the home health care problem[J]. manuscript, presented at Matheuristics, 2012.

[99] Dutot P F, Laugier A, Bustos A M. Technicians and interventions scheduling for telecommunications[J]. France Telecom R&D, 2006.

[100] Cordeau J F, Laporte G, Pasin F, et al. Scheduling technicians and tasks in a telecommunications company[J]. Journal of Scheduling, 2010, 13(4): 393-409.

[101] Kovacs A A, Parragh S N, Doerner K F, et al. Adaptive large neighborhood search for service technician routing and scheduling problems[J]. Journal of Scheduling, 2012, 15(5): 579-600.

[102] Zamorano E, Stolletz R. Branch-and-price approaches for the multiperiod technician routing and scheduling problem[J]. European Journal of Operational Research, 2017, 257(1): 55-68.

[103] Schrotenboer, Albert H, Broek, et al. Coordinating technician allocation and maintenance routing for offshore wind farms[J]. Computers & Operations Research, 2018, 98: 185-197.

[104] Chen X, Thomas B W, Hewitt M. The technician routing problem with experience-based service times[J]. Omega, 2016, 61: 49-61.

[105] Bostel N, Dejax P, Guez P, et al. Multiperiod planning and routing on a rolling horizon for field force optimization logistics[M]//The Vehicle Routing Problem: Latest Advances and New Challenges. Boston: Springer, Boston, MA, 2008: 503-525.

[106] Shao Y, Bard J F, Jarrah A I. The therapist routing and scheduling problem

[J]. Iie Transactions, 2012, 44(10): 868-893.

[107] Trautsamwieser A, Hirsch P. A Branch-Price-and-Cut approach for solving the medium-term home health care planning problem[J]. Networks, 2014, 64(3): 143-159.

[108] Liu R, Yuan B, Jiang Z. Mathematical model and exact algorithm for the home care worker scheduling and routing problem with lunch break requirements[J]. International Journal of Production Research, 2017, 55(2): 558-575.

[109] Cortés C E, Gendreau M, Rousseau L M, et al. Branch-and-price and constraint programming for solving a real-life technician dispatching problem[J]. European Journal of Operational Research, 2014, 238(1): 300-312.

[110] Goel A, Irnich S. An exact method for vehicle routing and truck driver scheduling problems[J]. Transportation Science, 2016, 51(2): 737-754.

[111] Souffriau W, Vansteenwegen P, Berghe V G, et al. The multiconstraint team orienteering problem with multiple time windows[J]. Transportation Science, 2013, 47(1): 53-63.

[112] Tang H, Miller-Hooks E, Tomastik R. Scheduling technicians for planned maintenance of geographically distributed equipment[J]. Transportation Research Part E: Logistics and Transportation Review, 2007, 43(5): 591-609.

[113] Lim A, Rodrigues B, Song L. Manpower allocation with time windows[J]. Journal of the Operational Research Society, 2004, 55(11): 1178-1186.

[114] Gendron B, Khuong P V, Semet F. A Lagrangian-based branch-and-bound algorithm for the two-level uncapacitated facility location problem with single-assignment constraints[J]. Transportation Science, 2016, 50(4): 1286-1299.

[115] Jena S D, Cordeau J F, Gendron B. Lagrangian heuristics for large-scale dynamic facility location with generalized modular capacities[J]. INFORMS Journal on Computing, 2017, 29(3): 388-404.

[116] Holmberg K, Yuan D. A Lagrangian heuristic based branch-and-bound approach for the capacitated network design problem[J]. Operations Research, 2000, 48(3): 461-481.

[117] Lee D H, Dong M. A heuristic approach to logistics network design for end-of-lease computer products recovery[J]. Transportation Research Part E: Logistics and Transportation Review, 2008, 44(3): 455-474.

[118] Topaloglu H. Using Lagrangian relaxation to compute capacity-dependent bid prices in network revenue management[J]. Operations Research, 2009, 57(3): 637-649.

[119] Takriti S, Birge J R. Lagrangian solution techniques and bounds for loosely coupled mixed-integer stochastic programs[J]. Operations Research, 2000, 48

(1):91-98.

[120] 吴斌,郭晶晶.基于人工蜂群算法的现场服务调度问题[J].科学技术与工程,2018,18(13):111-116.

[121] 王庆,黄慧霞,刘敏.基于一种改进蚁群算法的知识员工任务指派及调度研究[J].管理评论,2013,25(10):50-58.

[122] 郭放,杨珺,杨超.考虑充电策略与电池损耗的电动汽车路径优化问题研究[J].中国管理科学,2018(9):106-118.

[123] 陶杨懿,刘冉,江志斌.具有同时服务需求的家庭护理人员调度研究[J].工业工程与管理,2017,22(3):120-127,143.

[124] 袁彪,刘冉,江志斌,等.随机服务时间下的家庭护理人员调度问题研究[J].系统工程理论与实践,2015,35(12):3083-3091.

[125] 袁彪,刘冉,江志斌.多类型家庭护理人员调度问题研究[J].系统工程学报,2017,32(1):136-144.

[126] Solomon M M, Desrosiers J. Survey paper: time window constrained routing and scheduling problems[J]. Transportation science, 1988, 22(1):1-13.

[127] Solomon M M. Algorithms for the vehicle routing and scheduling problems with time window constraints[J]. Operations research, 1987, 35(2):254-265.

[128] Barahona F, Anbil R. The volume algorithm: producing primal solutions with a subgradient method[J]. Mathematical Programming, 2000, 87(3):385-399.

[129] Bahiense L, Maculan N, Sagastizábal C. The volume algorithm revisited: relation with bundle methods [J]. Mathematical Programming, 2002, 94(1):41-69.

[130] Frangioni A, Gendron B, Gorgone E. On the computational efficiency of subgradient methods: a case study with Lagrangian bounds[J]. Mathematical Programming Computation, 2017, 9(4):573-604.

[131] Glover F, Laguna M. Tabu search[M]//Handbook of Combinatorial Optimization. Boston: Springer, 1998:2093-2229.

[132] Berbeglia G, Cordeau J F, Laporte G. A hybrid tabu search and constraint programming algorithm for the dynamic dial-a-ride problem[J]. INFORMS Journal on Computing, 2012, 24(3):343-355.

[133] Gendreau M, Hertz A, Laporte G. A tabu search heuristic for the vehicle routing problem[J]. Management Science, 1994, 40(10):1276-1290.

[134] Archetti C, Bouchard M, Desaulniers G. Enhanced branch and price and cut for vehicle routing with split deliveries and time windows[J]. Transportation Science, 2011, 45(3):285-298.

[135] Ropke S, Pisinger D. An adaptive large neighborhood search heuristic for the pickup and delivery problem with time windows[J]. Transportation Science, 2006, 40(4):455-472.

[136] Shaw P. Using constraint programming and local search methods to solve vehicle routing problems [C]//International Conference on Principles and Practice of Constraint Programming. Berlin: Springer, 1998: 417-431.

[137] Demir E, Bektaş T, Laporte G. An adaptive large neighborhood search heuristic for the pollution-routing problem [J]. European Journal of Operational Research, 2012, 223(2): 346-359.

[138] Parragh S N, Cordeau J F. Branch-and-price and adaptive large neighborhood search for the truck and trailer routing problem with time windows [J]. Computers & Operations Research, 2017, 83: 28-44.

[139] Schiffer M, Walther G. An adaptive large neighborhood search for the location-routing problem with intra-route facilities [J]. Transportation Science, 2017, 52(2): 331-352.

[140] Žulj I, Kramer S, Schneider M. A hybrid of adaptive large neighborhood search and tabu search for the order-batching problem [J]. European Journal of Operational Research, 2018, 264(2): 653-664.

[141] Sacramento D, Pisinger D, Ropke S. An adaptive large neighborhood search metaheuristic for the vehicle routing problem with drones [J]. Transportation Research Part C: Emerging Technologies, 2019, 102: 289-315.

[142] Maurizio B, Ferdinando P, Ornella. An adaptive large neighborhood search for relocating vehicles in electric carsharing services [J]. Discrete Applied Mathematics, 2019, 253: 185-200.

[143] He L, Liu X, Gilbert L, et al. An improved adaptive large neighborhood search algorithm for multiple agile satellites scheduling [J]. Computers & Operations Research, 2018, 100: 12-25.

[144] Alinaghian M, Shokouhi N. Multi-depot multi-compartment vehicle routing problem, solved by a hybrid adaptive large neighborhood search [J]. Omega, 2018, 76: 85-99.

[145] Chen S, Chen R, Wang G, et al. An adaptive large neighborhood search heuristic for dynamic vehicle routing problems [J]. Computers & Electrical Engineering, 2018, 67: 596-607.

[146] Alberto S, Stefan R, Magnus H L. A comparison of acceptance criteria for the adaptive large neighbourhood search metaheuristic [J]. Journal of Heuristics, 2018, 24(5): 783-815.